TENHO UM ALUNO COM DISLEXIA: E AGORA?

COMISSÃO EDITORIAL DA OBRA

Maria Nobre Sampaio

Fonoaudióloga (Unesp). Mestra e Doutora em Educação (Unesp). Pós Doutorada Júnior pelo CNPq. Especialista em Linguagem e em Fonoaudiologia Educacional (CFFa). Docente Voluntária do Departamento de Fonoaudiologia da UFES e Fonoaudióloga Clínica da "Desenvolver - Centro de desenvolvimento cognitivo" (Vitória/ES).

Rita de Cássia Duarte Leite

Fonoaudióloga pela Pontifícia Universidade Católica de Goiás – PUC/GO. Mestra em Ciências da Saúde pela Faculdade de Medicina da Universidade Federal de Minas Gerais (UFMG). Doutora em Psicologia pela Faculdade de Filosofia e Ciências Humanas da Universidade Federal de Minas Gerais (UFMG). Fonoaudióloga com atuação clínica nas áreas de linguagem e aprendizagem. Fonoaudióloga educacional com enfoque no processo de alfabetização e transtornos de aprendizagem. Coordenadora científica e professora do Curso de Especialização em Linguagem com ênfase no Desenvolvimento Infantil da FonoAprimorar, em parceria com a FACSET/MG. Professora do Curso de Especialização em Linguagem com Enfoque nos Distúrbios de Linguagem, Aprendizagem e na atuação em âmbito educacional do CEFAC/FAMOSP.

Suzelei Faria Bello

Fonoaudiólogia pela Universidade Estadual Paulista Júlio de Mesquita Filho (1994), Licenciatura em Pedagogia (2012), Mestrado em Educação Especial (Educação do Indivíduo Especial) pela Universidade Federal de São Carlos (2009) e Doutorado em Educação Especial - Univerdidade Federal de São Carlos (2013). Pós-Doutorado em Ciência Tecnologia e Sociedade(UFSCar) Especilista em Fonoaudiologia Educacional. Aprimoramento em Linguagem Infantil e Especialização em Intervenções Precoces no Autismo, baseado no Modelo Denver. Pesquisadora do Centro de Pesquisa e Desenvolvimento Infantil. Fonoaudiologa Clinica do Centro de Pesquisa e Desenvolvimento Infantil - CPEDI. Consultora de Escolas do Ensino Infantil da rede privada com Experiência na área de Linguagem, Educação Especial e Inclusiva. Vice-coordenadora do Comitê de Educação Especial da Sociedade Brasileira de Fonoaudiologia gestões 2010-2022 e 2023-2025.

Coleção
Aos Mestres com Carinho

TENHO UM ALUNO COM DISLEXIA: E AGORA?

ORGANIZADORAS

SIMONE APARECIDA CAPELLINI
BIANCA DOS SANTOS

Artesã

Tenho um aluno com dislexia: e agora?

DIRETOR
Alcebino Santana

DIREÇÃO DE ARTE
Tiago Rabello

REVISÃO ORTOGRÁFICA E GRAMATICAL
Lígia Serrano Lopes

REVISÃO DAS NORMAS ABNT
Michele de Souza Lopes

CAPA
Artesã Editora/Walkiria P. Campos

DIAGRAMAÇÃO
Conrado Esteves

Catalogação na publicação
Elaborada por Bibliotecária Janaina Ramos – CRB-8/9166

T292

Tenho um aluno com dislexia. E agora? / Organização de Simone Aparecida Capellini, Bianca dos Santos; Prefácio de Simone Nicolini di Simoni. – Belo Horizonte: Artesã, 2024.

(Aos mestres com carinho)

Organização da coleção: Ângela Mathylde Soares

168 p.; 16 X 23 cm

ISBN 978-85-7074-126-4

1. Dislexia. 2. Fonoaudiologia. 3. Psicopedagogia. I. Capellini, Simone Aparecida (Organizadora). II. Santos, Bianca dos (Organizadora). III. Simoni, Simone Nicolini di (Prefácio). IV. Título.

CDD 618.9285889

Índice para catálogo sistemático
I. Dislexia

IMPRESSO NO BRASIL
Printed in Brazil

(31)2511-2040 (31)99403-2227
www.artesaeditora.com.br
Rua Rio Pomba 455, Carlos Prates - Cep: 30720-290 | Belo Horizonte - MG
/artesaeditora

APRESENTAÇÃO DA COLEÇÃO

Profa. Dra. Ângela Mathylde Soares

A Coleção AOS MESTRES COM CARINHO é um diálogo com conteúdo sobre o dia a dia do chão de sala de aula com a intenção e objetivo de responder indagações e inquietações das perguntas sem respostas. O famoso "*e agora*?".

Esta coleção tem o desejo de trazer a valorização dos profissionais de educação.

Precisamos entender que essa ação de valorizar não está ligada apenas a remuneração, mas sim a dar condições para que os envolvidos no processo do educar e do aprender tragam bagagem pedagógica que acompanhe as novas tecnologias e as novas aprendizagens.

E não podemos nos esquecer das novas parcerias feitas com a educação, como a psicopedagogia, a saúde, a ciência, o direito e várias outras áreas presentes na educação do século XXI.

A Informação hoje é rápida, dinâmica e imediata, e com isso, com esta nova geração de estudantes, é necessário um professor que caminhe nesse mesmo território. Assim, há necessidade de capacitar e renovar para acompanhar as tão desejadas mudanças.

Precisamos alinhar as ações incluindo a capacitação dos docentes, as parcerias das famílias e o casamento com a ciência, trazendo respaldo a esta formação, com intuito, intenção e garantia de melhora constante do ensino.

Esta coleção será um encontro carinhoso, respeitoso e eficaz sobre o tema que trabalhará a qualificação e a motivação dos nossos mestres e os envolvidos nesta gestão.

Uma equipe qualificada e preparada para as demandas de sala de aula é de suma importância, aliás, fundamental para que este objetivo seja cumprido.

Entendemos que esta coleção é um investimento importante que trará um conforto para professores, alunos, gestores e profissionais da educação, que possibilitará uma melhoria nas questões, individualidade e empoderamento do aluno – o que se fará por volumes e temáticas pontuais, possibilitando, assim, para o profissional da educação, ter informação ampla e bem assertiva sobre cada assunto proposto.

É importantíssimo ressaltar os benefícios que esta coleção trará aos cursos universitários, favorecendo a reflexão de que, no processo, precisam receber com a teoria, a prática e o envolvimento uma metodologia que traga excelência e respeite as competências e habilidades de nossos alunos.

A prática em sala de aula tem que nortear o aluno e o professor em atividades que estimulem a criatividade e a pesquisa baseada em evidências, por meio de um marco teórico fundamentado.

Pensando nessa discrepância entre o que se aprendeu na faculdade e a realidade de uma sala de aula, nasce a coleção AOS MESTRES COM CARINHO, para auxiliar responder os agoras dos profissionais da educação. Nasce uma coleção que se importa com a educação de qualidade e com evidência.

E não podemos nos esquecer do professor e de todos os envolvidos neste processo de receber o melhor de nós.

Com muito carinho, como professora, dedico esta coleção aos profissionais da educação, com o coração cientificado e motivado. Espero que esta experiência seja proveitosa. Curta os volumes e responda às perguntas que não querem calar!

O meu MUITO OBRIGADA!

PREFÁCIO

Como responder a essa simples pergunta? Simples em seu contexto ortográfico, complexo na bagagem de informações que a compreende.

Educar é um ato de generosidade e dedicação e o educador é um farol na jornada do conhecimento, iluminando caminhos para que seus alunos possam crescer e prosperar. Mas, como em qualquer jornada, encontramos desafios, curvas inesperadas e obstáculos que podem parecer intransponíveis. Entre esses desafios, a Dislexia é uma realidade que muitos educadores enfrentam.

"Tenho um Aluno com Dislexia, e Agora?" é uma obra essencial para todos aqueles que estão comprometidos em fornecer uma educação inclusiva e de qualidade. A Dislexia é um Transtorno Específico de Aprendizagem que afeta as habilidades que envolvem leitura e escrita, mas, mais importante, não define o potencial do aluno.

Os esforços dos autores para essa obra foram somados e integrados, possibilitando ao leitor um raciocínio contínuo do entendimento sobre o mundo da Dislexia. Esse raciocínio pautado em evidências científicas, apresenta ao professor conceitos sobre Dislexia, subtipos e teorias, enfatiza o ambiente da sala de aula e agrega a esses conceitos instrumentos de rastreio e manifestações nas diferentes fases da educação. A intersetorialidade entre Saúde e Educação reforça a parceria necessária entre esses profissionais, professores, fonoaudiólogos e equipe multidisciplinar. Sobre isso, adiciona-se a essa obra, tutoria instrucional para professores, contribuições pedagógicas e possibilidade de adaptação curricular para os alunos com risco de Dislexia. Nesse sentido, faz parte do raciocínio que existe na leitura dos capítulos, a atenção para inclusão aos escolares e as políticas públicas educacionais e de inclusão vigentes, imprescindíveis para a atuação com os alunos. Além do mais, a obra apresenta indicadores de fluência leitora, assim como estratégias para leitura e compreensão, como forma de intervir no entendimento presente nos capítulos.

Por fim, não menos importante, mas para concluir com "chave de ouro" o que foi enfatizado durante a escrita sensível de nossos autores, o manejo, opinião e a relevância do professor. Afinal de contas, o professor tem um aluno com Dislexia? E agora? À medida que você avança na leitura deste livro, lembre-se de que a Dislexia não é uma barreira intransponível, mas sim um desafio que pode ser superado com apoio, compreensão e as estratégias corretas. Este livro é a bússola que irá guiá-lo nessa jornada. Então, "Tenho um Aluno com Dislexia, e Agora?" é uma obra que reúne o que há de mais atual na literatura científica, reforça a importância da educação inclusiva e a capacidade de superar desafios.

Vamos começar esta jornada juntos, com a determinação de fazer a diferença na vida de nossos alunos e capacitá-los a atingir todo o seu potencial. Desejo que a cada página seja um lembrete de que, sim, você tem um aluno com Dislexia, mas agora tem também as ferramentas e o conhecimento necessários para ajudá-lo a ter sucesso.

Parabenizo os autores pela iniciativa e composição dessa obra, extremamente necessária, tornando-se um diferencial literário.

E agora? Boa leitura para todos!

SIMONE NICOLINI DE SIMONI

Professora Adjunta
Departamento de Fonoaudiologia
Universidade Federal de Santa Maria - UFSM

APRESENTAÇÃO

Bianca dos Santos

Simone Aparecida Capellini

O Livro intitulado "*Tenho um aluno com Dislexia: e agora?*" é uma importante obra direcionada para professores e profissionais que atuam na área da Educação.

O conteúdo deste livro apresenta 12 importantes temas relacionados à Dislexia e seu impacto na aprendizagem acadêmica que, muitas vezes, são pouco conhecidos ou reconhecidos dentro do ambiente de sala de aula.

Os autores, de forma didática, discorreram sobre as implicações deste transtorno específico da aprendizagem para a alfabetização, para a aquisição e o desenvolvimento da leitura, destacando a necessidade dos profissionais da área educacional em conhecer melhor este transtorno para poder adequar e adaptar as situações de ensino-aprendizagem das crianças com Dislexia.

Desta forma, nós organizadores desta obra, desejamos que os leitores, sejam estes professores ou profissionais da equipe técnica-pedagógica, aperfeiçoem e aprofundem os seus conhecimentos para que as suas práticas possam melhorar o manejo das crianças com Dislexia em sala de aula, pois, somente desta forma, será garantido o direito ao pleno desenvolvimento educacional destas crianças.

DISLEXIA E SUAS MANIFESTAÇÕES

Bianca dos Santos

Simone Aparecida Capellini

As habilidades de aprendizagem e de leitura envolvem diversas estruturas neurológicas. As estruturas responsáveis por estas habilidades se encontram em destaque nas regiões: occipital, temporal posterior, giros angular e supramarginal do lobo parietal e o giro frontal inferior, áreas estas que são ativadas em conjunto ou não no momento da realização da leitura. Quando há falha em algumas dessas estruturas, há a possibilidade do aparecimento de alterações nas habilidades de leitura e escrita (Barbante; Amaro; Costa, 2006).

Não podemos falar sobre a dislexia sem citar as unidades funcionais do cérebro descritas por Luria (1981) que juntas contribuem para a organização de um sistema funcional.

Esses grupos de estruturas cerebrais são divididos por três unidades funcionais, descritas a seguir:

- Primeira Unidade Funcional: responsável pelo controle do sono-vigília realizado por estruturas do tronco encefálico, sistema reticular ascendente, representadas por núcleos colinérgicos, noradrenérgicos, dopaminérgicos e serotoninérgicos, ponte e medula, contando ainda com a participação do córtex pré-frontal, responsável pela manutenção da atenção para a formação da memória.
- Segunda Unidade Funcional: responsável pela recepção e área de análise do armazenamento da informação, na qual participam o

córtex temporal, parietal e occipital, de forma que é dividida por áreas primárias, secundárias e terciárias.

Áreas Primárias: onde terminam as fibras que provêm do tálamo. Estas áreas registram elementos da experiência, mas sem apresentarem caráter simbólico.

Áreas Secundárias: Estão junto com as primárias. A principal função é processar a informação que chega às áreas primárias e dar conteúdo simbólico.

Áreas Terciárias: a localização desta área não é tão precisa, mas são áreas de associação entre as secundárias, integrando experiências multissensoriais, funções complexas como esquema corporal, linguagem, cálculo, determinando o estabelecimento do hemisfério esquerdo em relação à linguagem.

- Terceira Unidade Funcional: é responsável pela programação, regulação e verificação da atividade que é apresentada pelos lobos frontais, tornando possíveis a intencionalidade, planificação e organização da conduta em relação à percepção e ao conhecimento de mundo.

Quando ocorre uma disfunção da etapa do desenvolvimento destas Unidades Funcionais na criança, principalmente no momento da maturação das áreas da Segunda Unidade Funcional, há alterações perceptomotoras que podem resultar em problemas de aprendizagem, sendo que alterações nas **áreas primárias** causam problemas de atenção, alterações nas **áreas secundárias**, causam problemas na leitura, escrita e matemática e alterações nas **áreas terciárias** resultam em baixo rendimento intelectual e dificuldade na compreensão da linguagem oral, leitura, escrita e habilidade matemática (Capellini *et al.*, 2007).

Segundo Reid (2016), a dislexia se refere às diferenças de processamentos individuais, caracterizados por dificuldades que são apresentadas logo no início da alfabetização, comprometendo a aquisição da leitura, da escrita caligráfica e da ortografia, além do fato de que também podem ocorrer falhas nos processos cognitivos, fonológicos e/ou visuais.

O Manual Diagnóstico e Estatístico de Transtornos Mentais – DSM –V (APA, 2014) traz a definição e critérios diagnósticos da dislexia na categoria de "Transtornos do Neurodesenvolvimento", sendo denominada como "Transtorno Específico de Aprendizagem", que pode ser diagnosticado quando o escolar apresentar as seguintes manifestações:

- Leitura de palavras de forma imprecisa ou lenta, demandando esforço; leitura de palavras isoladas de forma incorreta, adivinhação e dificuldade de soletração;
- Dificuldade para compreensão do sentido do que foi lido. Pode realizar a leitura com precisão, mas não compreende as inferências;
- Dificuldade na ortografia, sendo observada adição, omissão ou substituição de vogais e consoantes;
- Dificuldade de escrita, com múltiplos erros de gramática e pontuação, além da expressão escrita das ideias sem clareza;
- Dificuldade para dominar o senso numérico;
- Dificuldades no raciocínio.

Sabe-se que a etiologia da dislexia é decorrente de bases genético-neurológicas, demonstrando em achados neurológicos (Galaburda; Kemper, 1979) uma discrepância bilateral no tamanho do plano temporal, que causa uma falha de desenvolvimento do hemisfério esquerdo do cérebro, além de anormalidades citoarquitetônicas neste hemisfério, causadas pela falha na migração dos neurônicos ao seu destino final do córtex no período de desenvolvimento do mesmo.

Alguns estudos demonstram esta falha no hemisfério esquerdo, bem como nos córtex temporal, parieral, occiptal e frontal durante atividades de aprendizagem em indivíduos portadores de dislexia (Temple, 2002; Kere, 2014).

Alguns estudos de neuroimagem mostram que há diferenças tanto no desenvolvimento quanto no funcionamento cerebral de disléxicos. Também há um forte componente genético, indicando que mais da metade das crianças com dislexia tem pais e irmãos com o mesmo transtorno, aumentando assim a probabilidade de sua ocorrência. Também é importante ressaltar os aspectos genéticos da dislexia, descritos na literatura (Álvarez; Brotóns, 2018) como alteração em diferentes grupos familiares de genes e, além disso, as alterações que esses fenótipos alterados podem causar em relação às alterações cognitivo-linguísticas, descritas no Quadro a seguir:

Genes	Fenótipo
Cromossomos 1, 2, 3, 6, 15 e 18 X DYX1C1, DCDC2, KIAA0139, ROBO1	Dificuldade de leitura de palavras e pseudopalavras. Dificuldade ortográfica. Alteração de processamento fonológico (habilidade metafonológica, memória operacional fonológica e nomeação automatizada rápida).
DYX1C1	Dificuldade em memória verbal de curto prazo.
DCDC2	Dificuldade na leitura de palavras de complexidade silábica simples. Dificuldades ortográficas. Alteração em processos fonológicos e ortográficos.
KIAA0319	Dificuldade de decodificação. Alteração em processos fonológicos e ortográficos.
ROBO1	Dificuldade em habilidades de processamento fonológico e linguístico.
READ 1	Alteração na precisão e velocidade leitura de palavras e pseudopalavras e textos.

Quadro 1 – Relação entre os genes e as habilidades cognitivo-linguísticas na dislexia

Fonte: Santos e Capellini (2020).

Ainda de acordo com o DSM (APA, 2014), os escolares com dislexia devem apresentar o desempenho em habilidades acadêmicas classificado como **abaixo** do esperado para sua idade e essa interferência vai impactar diretamente o seu desempenho acadêmico. Entretanto, apesar dessas manifestações estarem presentes desde antes do período de alfabetização, o diagnóstico de dislexia deve ser confirmando somente quando o escolar completar 9 anos de idade, pois é nessa idade que ocorre o final da maturação neurológica da Segunda Unidade Funcional de Luria (1981), área responsável pela formação da memória integrativa necessária para a aprendizagem (Capellini *et al.*, 2007).

Para consideramos então a presença da dislexia em um indivíduo, devemos considerar a presença da seguinte tríade:

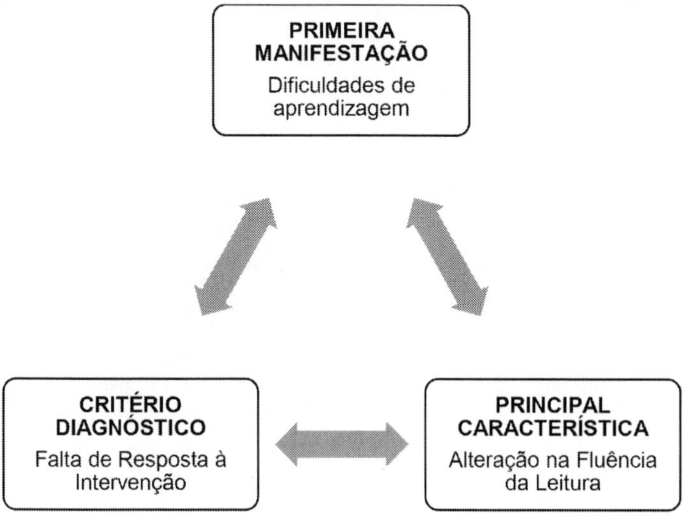

Figura 1 – Tríade das principais características da dislexia

Fonte: Santos e Capellini (2020).

Os escolares com dislexia vão apresentar como manifestações o índice de inteligência normal e alterações no processamento auditivo e/ou visual (dependendo do subtipo da dislexia que apresentar). O quadro de alteração de linguagem pode ou não estar presente, porém no nível fonológico, ou seja, a criança pode ou não ter apresentado ou ainda apresentar substituições na fala. O escolar também apresentará dificuldade no raciocínio lógico-matemático para organizar, planejar e executar cálculos, porém com maior ênfase quando houver enunciado.

Todavia, apesar dessas manifestações estarem presentes, a principal manifestação será a alteração na fluência de leitura.

O diagnóstico de dislexia deve ser confirmado apenas quando o escolar completar 8 anos, 11 meses e 29 dias de idade, isto porque é ao final desta idade que ocorre a maturação neurológica das áreas terciárias da Segunda Unidade Funcional responsáveis pela formação da memória integrativa para a aprendizagem.

A dislexia pode ser dividida em três subtipos, sendo eles visual, fonológico e misto que serão melhor abordados no capítulo a seguir.

REFERÊNCIAS

APA. American Psychiatric Association. **DSM-5**: Manual diagnóstico e estatístico de transtornos mentais. Artmed Editora, 2014.

BARBANTE, E. C.; AMARO, J. R. E.; DA COSTA, J. C. **As bases neurobiológicas da aprendizagem da leitura e escrita**, 2006.

CAPELLINI, S. A.; PADULA, N. A. M. R.; SANTOS, L. C. A.; LOURENCETI, M. D.; CARRENHO, E. H.; RIBEIRO, L. A. Desempenho em consciência fonológica, memória operacional, leitura e escrita na dislexia familial. **Pró-Fono Revista de Atualização Científica**, v. 19, n. 4, p. 374-380, 2007. DOI: https://doi.org/10.1590/S0104-56872007000400009.

ÁLVAREZ, C. de la P.; BROTÓNS, E. B. Dislexia y discalculia: una revisión sistemática actual desde la neurogenética. **Pontífica Universidad Javeriana**, v. 17, n. 3, p. 1-11, 2018. DOI: https://doi.org/10.11144/Javeriana.upsy17-3.ddrs.

GALABURDA, A. M.; KEMPER, T. L. Cytoarchitectonic abnormalities in developmental dyslexia: a case study. **Annals of Neurology: Official Journal of the American Neurological Association and the Child Neurology Society**, v. 6, n. 2, p. 94-100, 1979.DOI: https://doi.org/10.1002/ana.410060203.

KERE, J. The molecular genetics and neurobiology of developmental dyslexia as model of a complex phenotype. **Biochemical and biophysical research communications**, v. 452, n. 2, p. 236-243, 2014. DOI: https://doi.org/10.1016/j.bbrc.2014.07.102.

LURIA, A. **The working brain**. London: Penguin Books, 1981.

REID, G. **Dyslexia**: A practitioner's handbook. John Wiley & Sons, 2016.

SANTOS, B.D.; CAPELLINI, S. A. **Compreendendo a Dislexia**. Ribeirão Preto: Booktoy, 2020.

TEMPLE, E. Brain mechanisms in normal and dyslexic readers. Current opinion in neurobiology, v. 12, n. 2, p. 178-183, 2002. DOI: https://doi.org/10.1016/S0959-4388(02)00303-3.

SUBTIPOS DE DISLEXIA: IMPLICAÇÕES CLÍNICAS E AVANÇOS TEÓRICOS

Giseli Donadon Germano

Simone Aparecida Capellini

Falar sobre dislexia e os desafios enfrentados por estes escolares envolve a compreensão dos diferentes déficits neurocognitivos que compõem este transtorno do neurodesenvolvimento. Consequentemente, ao se expandir o conhecimento sobre as teorias que buscam explicar as causas da dislexia, o pesquisador passa a compreender a necessidade de melhor delinear o perfil do escolar durante a avaliação para, assim, possibilitar intervenções com maior especificidade.

Deste modo, este capítulo tem como objetivo descrever as teorias que caracterizam os subtipos da dislexia, divididos didaticamente em teorias da dislexia de déficit único ou de múltiplos déficits.

TEORIAS E SUBTIPOS DE DISLEXIA

A caracterização e a separação da dislexia em seus subtipos não é algo tão simples. Para tal, faz-se necessário analisar as principais teorias vigentes sobre o tema, a fim de compreender se as manifestações que vão além da falha em leitura são decorrentes de uma causa única (Teorias do Déficit Único) ou se estariam relacionadas a um olhar multidimensional e heterogêneo da dislexia (Teoria do Déficit Múltiplo) (Germano, 2021).

A) TEORIAS DO DÉFICIT ÚNICO

Dentre as Teorias do Déficit Único, destaca-se a Teoria de Déficit de Processamento Temporal Rápido (Tallal; Piercy, 1973), muito abordada devido à relação ao Processamento Auditivo. Nesta teoria, os autores afirmam que escolares com dislexia teriam dificuldades em perceber estímulos auditivos que têm curta duração e ocorrem em rápida sucessão. Tal déficit no nível auditivo básico levaria a uma incapacidade de integrar as informações sensoriais transmitidas em rápida sucessão e, assim, impediria uma correta análise temporal da fala no nível fonema o que, consequentemente, resultaria em desenvolvimento fonológico anormal.

A teoria apresenta como embasamento teórico que a linguagem auditiva desempenha no sucesso acadêmico, já que 80% da instrução em sala de aula é apresentada de forma auditiva (Tallal, 2013). Assim, para a autora, a unidade mais básica de qualquer língua é o fonema, que correspondente a menor unidade de som que pode mudar o significado de uma palavra. Além disso, a informação acústica dentro da forma de onda complexa da fala pode ser dividida em características físicas distintas (frequência, duração, amplitude), cada uma das quais é representada em detalhes finos no sistema auditivo, que formam sinais complexos que são ativados por conjuntos de neurônios (Kraus *et al.*, 1995; Hebb, 1949). Ou seja, as informações acústicas são codificadas neuralmente como uma unidade, como a fala, em que os fonemas são combinados (ligados) para formar uma percepção fonológica unificada (Tallal, 2013), sendo possível a diferenciação acústica entre fonemas individuais, como /b/ e /d/, ou o conjunto de fonemas, formando as sílabas.

Estudo (Temple *et al.*, 2003) indicou melhora significativa na linguagem oral e no desempenho de leitura após o treinamento auditivo em escolares com dislexia, que passaram a apresentar maior ativação no córtex temporoparietal esquerdo e giro frontal inferior esquerdo, regiões cerebrais associadas ao processamento fonológico, aproximando a ativação cerebral dessas regiões daquela observada em leitores típicos.

Também referindo um déficit no sistema linguístico, há um forte consenso de que a dificuldade central na dislexia se deve a um comprometimento de componente de nível inferior, a fonologia (Shaywitz, 1996; Snowling, 2000). Os déficits fonológicos ainda explicariam os déficits de memória operacional fonológica.

A teoria fonológica postula que as dificuldades de leitura surgem de uma falha em adquirir a habilidade de separar e manipular as palavras em fonemas e relacioná-las às letras que os representam (Bradley; Bryant, 1983). Deste modo, escolares com dislexia apresentam falhas em decodificação, sendo que pode ser observado, principalmente, pela dificuldade em realizar a leitura de palavras desconhecidas e/ou pseudopalavras.

Nacionalmente, estudos basearam-se nesse suporte teórico, e demonstram tais dificuldades, tanto na caracterização da dislexia (Capellini; Germano; Cardoso, 2008; Germano; Capellini, 2008; Germano; Capellini, 2015), como ainda avançaram com propostas de identificação de risco para a dislexia (Germano; César; Capellini, 2017; Cesar; Germano; Capellini, 2018) e de intervenções precoces (Fukuda; Capellini, 2012).

Outra teoria muito utilizada se refere ao Duplo Déficit. Apesar de falar em habilidades fonológicas, a hipótese do Duplo Déficit concentra-se em um componente de processamento necessário para alcançar a automaticidade na própria leitura (Bowers, 1993; Wolf; Bowers, 1999). A automaticidade na leitura requer códigos ortográficos unificados e bem integrados aos códigos fonológicos e semânticos. A automaticidade também requer a capacidade de redistribuir rapidamente a atenção visual em palavras individuais em uma linha de texto. Assim, o escolar pode ter códigos fonológicos e semânticos normais, ter as habilidades cognitivas visuais necessárias para aprender códigos ortográficos, mas ainda ter dificuldade em estabelecer conexões entre os códigos ortográficos e os códigos fonológicos e semânticos já estabelecidos. Tal automaticidade pode ser medida pelas tarefas de nomeação automática rápida.

Deste modo, semelhante a outros modelos de subtipagem, este modelo propõe dois únicos subtipos de déficit cognitivo, sendo o subtipo de déficit fonológico familiar, em que os escolares apresentam falhas fonológicas; e um novo subtipo de déficit de velocidade de nomeação, em que os disléxicos teriam falhas em nomeação, mas não em habilidades metafonológicas. Assim, os disléxicos com ambos os déficits teriam o chamado "Duplo Déficit", com maior comprometimento em leitura que os subtipos isolados. A crítica ao modelo se relaciona aos efeitos conjuntos dos dois déficits são aditivos ou interativos.

Assim, estes estudos demonstraram que os disléxicos apresentaram dificuldades ao nível do fonema, sílaba e aspectos suprassegmentais, sendo ainda beneficiados por programas remediativos que enfocavam estas habilidades. Deste modo, assim como indicado pela literatura internacional, Germano *et al.* (2014) também buscaram caracterizar o desempenho em leitura de escolares disléxicos, além do déficit fonológico, sendo possível observar uma população que apresentou comprometimento do componente visual.

Tal avanço apoiou-se na observação das autoras de que haveria um número significativo de disléxicos que não apresentam problemas fonológicos, ou seja, um déficit fonológico não seria uma condição necessária para a dislexia, corroborando estudos internacionais (Castles; Coltheart, 1993).

Deste modo, há teorias que vão além do déficit fonológico, destacando a relação da leitura com o domínio visual, conforme descrito na Teoria do Déficit Magnocelular-dorsal (Stein; Walsh, 1997). A via magnocelular é sensível à baixo contraste, baixa frequência espacial e alta frequência temporal. Déficits neste sistema visual magnocelular resultariam falhas na orientação visoatenção, que resultaria em dificuldades de codificação da posição das letras.

Em relação a esta teoria, como o sistema M visual é prejudicado em muitos disléxicos, sua capacidade de ordenar as letras corretamente em uma palavra pode estar comprometido (Stein, 2019). Dentre as manifestações, observa-se erros de transposição de letras (por exemplo, "pobre" por "porbe") e produzem não-palavras fonologicamente implausíveis, que parecem resultar de confusões visuais (por exemplo, "boi" por "doi") (Stein; Walsh, 1997; Germano; Capellini, 2021).

Além disso, como consequência, a capacidade de memorizar a forma visual das palavras, ou seja, há uma falha na formação da memória lexical ortográfica, levando a manifestações como erros ortográficos (Batista; Germano, 2021; Germano; Capellini, 2021).

Ainda se destaca como parte das teorias dos déficits de domínio visual a Teoria do Span Visoatencional (Bosse; Tainturier; Valdois, 2007). Para os autores, os disléxicos apresentam déficits no processamento de cadeias sequenciadas de letras como, por exemplo, quando solicitados a relatar uma letra em uma sequência consonantal (RWXST). Tal déficit foi atribuído à redução do tempo de atenção visual ou alocação anormal de recursos atencionais, necessários para a realização dos movimentos de fixação para a leitura (Ziegler *et al.*, 2010).

Em estudo nacional, Germano *et al.* (2014) indicaram que escolares com dislexia do desenvolvimento apresentaram déficits não apenas no processamento fonológico, mas também no processamento visual. A partir da construção de fatores estatísticos, foi possível caracterizar o desempenho em leitura destes escolares, conforme fatores fonológicos e/ou visuais.

Uma das contribuições do estudo foi a verificação que as habilidades de processamento fonológico e visual contribuem de forma significativa e independente para a fluência de leitura. Como consequência, os autores classificaram os disléxicos de acordo com diferentes subtipos, sendo dois subgrupos de escolares com dislexia com componente visual (denominados subtipos visual e misto) e um com componente somente fonológico (denominado subtipo fonológico).

Baseado no estudo de Germano *et al.* (2014), Fusco, Germano e Capellini (2015) elaboraram e aplicaram um programa de intervenção com habilidades percepto-viso-motoras para escolares com dislexia. O programa foi composto de atividades de coordenação viso-motora, a discriminação visual, a memória visual, a relação viso-espacial, a constância de forma, a memória sequencial, a figura-fundo visual e a closura visual. Como resultados, os autores verificaram que programa de intervenção se mostrou apropriado para ser aplicado em escolares com dislexia, assim como mostrou efeitos positivos, pois proporcionou melhora das habilidades de percepção visual e na qualidade da escrita de escolares com dislexia do desenvolvimento.

Deste modo, conseguimos notar que, no Brasil, estudos avaliativos e interventivos foram realizados com as diferentes teorias, indicando subtipos cognitivos na língua do português brasileiro.

B) TEORIA DO DÉFICIT MÚLTIPLO

Seguindo as investigações a fim de caracterizar as causas da dislexia, destaca-se a Teoria de Déficit Múltiplo da dislexia, a qual assume que um único déficit não seria suficiente para explicar todos os sintomas comportamentais ou todos os perfis de leitura de crianças com dislexia. Em vez disso, vários processos ou representações sensoriais ou cognitivas poderiam ser prejudicados em graus variados, sendo alguns mais importantes ou frágeis, e alguns mais facilmente compensados do que outros (Pennington, 2006).

A Teoria do Déficit Múltiplo apresenta como embasamento que a dislexia se caracteriza por fatores genéticos, de natureza multifatoriais (Pennington, 2006). Deste modo, a favor da teoria, o autor destaca como pontos negativos contra a Teoria do Déficit Cognitivo três pontos principais, sendo: 1) os transtornos do neurodesenvolvimento, como a dislexia, não têm causas únicas, seja no nível etiológico ou níveis cognitivos de análise; 2) menor probabilidade destes transtornos serem independentes, ou seja, frequentemente podem ser comórbidos, devido a fatores de risco genéticos e cognitivos parcialmente compartilhados; e 3) há outros problemas com a aplicação da lógica de dupla dissociação ao desenvolvimento transtornos.

Finalmente, baseando-se no Modelo de Dupla-rota, Castles e Coltheart (1993) relacionaram os déficits nas rotas de leitura e os subtipos de dislexia. A existência dessa dupla dissociação forneceu algumas das evidências mais fortes para uma estrutura de dupla rota postulando que leitores fluentes utilizam duas rotas separáveis para leitura em voz alta, sendo uma rota ortográfica lexical e uma rota fonológica (não lexical).

De acordo com o Modelo de Dupla-rota, as palavras podem ser processadas por uma rota de leitura lexical (também chamada de procedimento ortográfico) ou uma rota de leitura sublexical (também chamada de procedimento fonológico). A rota lexical é tipicamente avaliada com a leitura de palavras irregulares de alta frequência, enquanto a rota sublexical é tipicamente avaliada com a leitura de pseudopalavras (Ziegler *et al.*, 2010).

Na rota direta (lexical), a entrada ortográfica seleciona uma entrada no léxico ortográfico via ativação interativa, que por sua vez ativa a saída fonológica apropriada. Somente a rota lexical pode ler palavras de exceção, pois essas palavras quebram regras de correspondências grafema-fonema (Castles; Coltheart, 1993; Coltheart *et al.*, 2001; Peterson; Pennington; Olson, 2013).

A rota indireta, ou não lexical, recebe a entrada ortográfica, analisa-a em grafemas, converte os grafemas em seus fonemas correspondentes por meio de um conjunto de regras explícitas e, em seguida, prepara esses fonemas em uma palavra para saída. Apenas a rota não lexical pode ler não-palavras, uma vez que estas não foram encontradas antes e não estão no léxico ortográfico. Ambas as vias contribuem para a leitura bem sucedida de palavras regulares (Castles; Coltheart, 1993; Coltheart *et al.*, 2001; Peterson; Pennington; Olson, 2013).

Para os autores, os disléxicos superficiais seriam caracterizados por dificuldades em leitura de palavras irregulares, mas relativamente leitura de não- palavras preservada. Em contraste, os disléxicos fonológicos falham na leitura de não-palavras, mas não apresentam dificuldades na leitura de palavras irregulares. O perfil misto seria encontrado quando a leitura de pseudopalavras e de palavras irregulares estão prejudicadas.

Em estudo recente (Peterson; Pennington; Olson, 2013), pesquisadores revisaram a proposta de subtipos em relação ao modelo de dupla rota. Os resultados reafirmaram estudos anteriores, em que escolares com dislexia fonológica apresentaram dificuldades de leitura, relacionadas às medidas fonológica (leitura de não palavras), enquanto escolares com dislexia de superfície tiveram falhas em leitura decorrentes de falhas de medidas ortográficas (como decisão lexical, por exemplo). Além disso, os autores referiram que a prevalência de dislexia fonológica pura aumentou com a idade, sugerindo que escolares com déficits fonológicos podem depender cada vez mais de informações específicas de itens para ler à medida que envelhecem. Ainda para a dislexia fonológica, essas habilidades tornam-se cada vez mais discrepantes ao longo do tempo, sugerindo o surgimento de estratégias compensatórias

Já a dislexia de superfície não foi bem caracterizada como um atraso de leitura, pois esta apresentou desempenho inferior em habilidades lexicais/ortográficas quando comparada com mesmo nível de leitores de escolares com desenvolvimento típico (Peterson; Pennington; Olson, 2013).

Entretanto, ainda se destaca que a classificação em subtipos deve-se basear em modelos estatísticos, a fim de observar as variáveis e instituir picos de cortes e, como consequência, indicar a classificação em achados fundamentados e não apenas em características comportamentais de leitura.

CONSIDERAÇÕES FINAIS

A proposta deste capítulo foi de descrever, brevemente, as principais teorias que justificam a dislexia. Dentre os possíveis desdobramentos, faz-se importante notar que vários progressos foram feitos com o intuito de auxiliar clínicos e pesquisadores a diagnosticar corretamente perfis dissociados.

Além disso, as teorias demonstram a importância de procedimentos validados para a população, visto que há diferentes interpretações conforme os aspectos linguísticos, já que subtipos foram descritos em línguas mais opacas (como o inglês), até as mais transparentes (português brasileiro e espanhol).

REFERÊNCIAS

BATISTA, A. O.; GERMANO, G. D.; CAPELLINI, S. A. Transtornos de aprendizagem da escrita: disortografia e disgrafia. *In:* SOARES, A. M. de. **Caminhos**

da aprendizagem e inclusão: Entretecendo múltiplos saberes.1. ed. Rio de Janeiro, RJ: Wak Editora, 2021. v. 3, p. 113-128.

BOSSE, M.; TAINTURIER, M. J.; VALDOIS, S. Developmental dyslexia: The visual attention span deficit hypothesis. **Cognition**, v. 104, n. 2, p. 198-230, 2007.

BOWERS, P. G. Text reading and rereading: Determinants of fluency beyond word recognition. **Journal of reading behavior**, v. 25, n. 2, p. 133-153, 1993.

CAPELLINI, S. A.; GERMANO, G. D.; CARDOSO, A. C. V. Relação entre habilidades auditivas e fonológicas em crianças com dislexia do desenvolvimento. **Psicologia Escolar e Educacional**, v. 12, n. 1, p. 235-251, 2008.

CASTLES, A.; COLTHEART, M. Varieties of developmental dyslexia. **Cognition**, v. 47, n. 2, p. 149-180, 1993.

COLTHEART, M.; RASTLE, K.; PERRY, C.; LANGDON, R.; ZIEGLER, J. DRC: a dual route cascaded model of visual word recognition and reading aloud. **Psychological review**, v. 108, n. 1, p. 204, 2001.

CÉSAR, A. B. P de C.; GERMANO, G. D.; CAPELLINI, S. A. **Programa de Remediação fonológica para escolares de risco para dislexia (PROF-RD)**. Ribeirão Preto: Booktoy, 2018, v. 1. p.107.

FUKUDA, M. T. M.; CAPELLINI, S. A. Programa de intervenção fonológica associado à correspondência grafema-fonema em escolares de risco para a dislexia. **Psicologia: reflexao e crítica**, v. 25, n. 4, p. 783-790, 2012.

FUSCO, N.; GERMANO, G. D.; CAPELLINI, S. A. Efficacy of a perceptual and visual-motor skill intervention program for students with dyslexia. **CoDAS**, v. 27, n. 2, p. 128-134, 2015.

GERMANO, G. D.; REILHAC, C.; CAPELLINI, S. A.; VALDOIS, S. The phonological and visual basis of developmental dyslexia in Brazilian Portuguese reading children. **Frontiers in psychology**, v. 5, p. 1169, 2014.

GERMANO, G. D.; CAPELLINI, S. A. Use of Technology for characterization of latency time of handwriting's production of high frequency words of schoolchildren with Dyslexia. *In:* **Progress in Education**.70. ed. New York, US: Nova Science Publischers, INC, 2021, v.1, p. 181-209.

GERMANO, G. D.; CÉSAR, A. B. P de C.; CAPELLINI, S. A. Screening protocol for early identification of Brazilian children at risk for dyslexia. **Frontiers in Psychology**, v. 8, p.1763, 2017.

GERMANO, G. D.; CAPELLINI, S. A. Avaliação das habilidades metafonológicas (PROHFON): caracterização e comparação do desempenho em escolares. **Psicologia: Reflexão e Crítica**, v. 28, p. 378-387, 2015.

GERMANO, G. D.; CAPELLINI, S. A. Eficácia do programa de remediação auditivo-visual computadorizado em escolares com dislexia. **Pró-Fono Revista de Atualização Científica**, v. 20, p. 237-242, 2008.

PENNINGTON, B. F. From single to multiple deficit models of developmental disorders. **Cognition**, v. 101, n. 2, p. 385-413, 2006.

PETERSON, R. L.; PENNINGTON, B. F.; OLSON, R. K. Subtypes of developmental dyslexia: Testing the predictions of the dual-route and connectionist frameworks. **Cognition**, v. 126, n. 1, p. 20-38, 2013.

SHAYWITZ, S. E. Dyslexia. **Scientific American**, v. 275, n. 5, p. 98-104, 1996.

SNOWLING, M. **Dyslexia**: A cognitive developmental perspective. Basil Blackwell,1987.

SPRENGER-CHAROLLES, L.; SIEGEL, L. S.; JIMÉNEZ, J. E.; ZIEGLER, J. C. Prevalence and reliability of phonological, surface, and mixed profiles in dyslexia: A review of studies conducted in languages varying in orthographic depth. **Scientific Studies of Reading**, v. 15, n. 6, p. 498-521, 2011

STEIN, J.; WALSH, V. To see but not to read; the magnocellular theory of dyslexia. **Trends in neurosciences**, v. 20, n. 4, p. 147-152, 1997.

STEIN, J. The current status of the magnocellular theory of developmental dyslexia. **Neuropsychologia**, v. 130, p. 66-77, 2019.

TALLAL, P. Fast ForWord®: the birth of the neurocognitive training revolution. **Progress in Brain Research**, v. 207, p. 175-207, 2013.

TEMPLE, E.; DEUTSCH, G. K.; POLDRACK, R. A.; MILLER, S. L.; TALLAL, P.; MERZENICH, M. M.; GABRIELI, J. D. E. Neural deficits in children with dyslexia ameliorated by behavioral remediation: evidence from functional MRI. **Proceedings of the National Academy of Sciences**, v. 100, n. 5, p. 2860-2865, 2003.

WOLF, M.; BOWERS, P. G. The double-deficit hypothesis for the developmental dyslexias. **Journal of educational psychology**, v. 91, n. 3, p. 415, 1999.

ZIEGLER, J. C.; PECH-GEORGEL, C.; DUFAU, S.; GRAINGER, J. Rapid processing of letters, digits and symbols: what purely visual-attentional deficit in developmental dyslexia? **Developmental science**, v. 13, n. 4, p. F8-F14, 2010.

POLÍTICA EDUCACIONAL INCLUSIVA PARA ESCOLARES COM DISLEXIA E DIFICULDADES DE APRENDIZAGEM

Thaís Contiero Chiaramonte

Este capítulo tem por objetivo trazer ao conhecimento de vocês, leitores, o caminho trilhado pela Educação Inclusiva no Brasil até hoje e os desafios que ainda temos de percorrer. O capítulo trará os principais marcos legais da Educação Inclusiva e também o projeto de lei que visa incluir escolares com Dislexia e TDAH como público-alvo da Educação Especial Inclusiva, de uma forma simples e didática para que todos tenham acesso.

MARCOS HISTÓRICOS LEGAIS

Ao falar de Política Pública Educacional, é necessário conhecer alguns marcos históricos legais e algumas leis que norteiam e definem o direito à educação de crianças e jovens. A Figura 1 apresenta, em ordem cronológica, alguns marcos que discutiremos mais à frente.

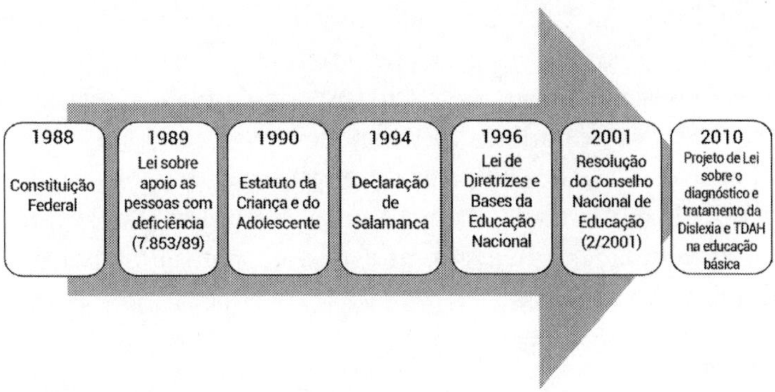

Figura 1 – Marcos Históricos Legais sobre a Política Pública Educacional Inclusiva
Fonte: Elaborado pela autora.

Em um primeiro momento, devemos pensar sobre a educação como um importante fator para que consigamos viver na plenitude de pessoas e cidadãos inseridos em uma comunidade. Contudo, os paradigmas educacionais requerem políticas educacionais que atendam às necessidades encontradas nas diversas áreas da educação, visando-a como um todo e também na formação de um cidadão. Diante destes fatos, a implementação das Políticas Públicas Educacionais de Educação Inclusiva no ambiente escolar é muito importante, pois contribui diretamente para uma educação que fará diferença (Barreta; Cannan, 2012).

É possível observar na Constituição Federal (Brasil, 1988) um dos primeiros passos para que as crianças com necessidades educacionais especiais fossem inseridas no ensino regular, pois nela já garante a todos o direito à igualdade (art. 5.º), direito à educação (art. 205) e a igualdade de condições de acesso e permanência na escola (art. 206, inciso 1).

Em seguida, é possível observar na Lei 7.853 de 24 de outubro de 1989 (Brasil, 1989) as normas gerais que asseguram o exercício dos direitos individuais e sociais das pessoas portadoras de deficiência. Logo no § 1 são "considerados os valores básicos da igualdade de tratamento e oportunidade, da justiça social, do respeito à dignidade da pessoa humana, do bem-estar, e outros, indicados na Constituição ou justificados pelos princípios gerais de direito" (Brasil, 1989), ou seja, todos devem ter igual acesso à Educação Básica de qualidade.

Conforme vamos lendo a lei 7.853/89, vamos observando o delineamento sobre os direitos das pessoas com necessidades educacionais especiais, como no art. 2.º, que propõe a segurança "às pessoas portadoras de deficiência o pleno exercício de seus direitos básicos, inclusive dos direitos à educação" (Brasil, 1989). Quando chegamos ao capítulo IV, vemos a necessidade de professores especializados na habilitação e reabilitação que atendam à demanda e às necessidades reais das pessoas portadoras de deficiência.

Diante da Lei 7.853/89, é possível observar o início das leis que definem os direitos básicos das crianças com deficiência que apresentem necessidades educacionais especiais, contudo os professores devem procurar capacitações para lidar com as especificidades dessas crianças.

> No caso de uma formação inicial e continuada direcionada à inclusão escolar, estamos diante de uma proposta de trabalho que não se encaixa em uma especialização, extensão ou atualização de conhecimentos

> pedagógicos. Ensinar, na perspectiva inclusiva, significa ressignificar o papel do professor, da escola, da educação e de práticas pedagógicas que são usuais no contexto excludente do nosso ensino, em todos os seus níveis. A inclusão escolar não cabe em um paradigma tradicional de educação e, assim sendo, uma preparação do professor nessa direção requer um *design* diferente das propostas de profissionalização existentes e de uma formação em serviço que também muda, porque as escolas não serão mais as mesmas, se abraçarem esse novo projeto educacional (Mantoan, 2006, p. 54-55).

Outro documento nacional que ajudou a fazer a diferença no desenvolvimento das crianças, no sentido de ajudar àquelas que necessitavam de apoio para o processo de ensino-aprendizagem, foi o Estatuto da Criança e do Adolescente - ECA (Lei n.º 8.069, Brasil, 1990), garantindo a todas as crianças o acesso e a permanência na escola, com foco em seu desenvolvimento de forma integral (Rafagnin; Rodrigues; Kosloski, 2020).

Em 1994, na Declaração de Salamanca (UNESCO, 1994) houve o primeiro movimento mundial para discussão das crianças com Necessidades Educacionais Especiais (NEEs), falando sobre uma Educação Inclusiva, que enfatiza a importância de todas as crianças em frequentar a escola regular, independentemente de suas dificuldades e especificidades e incentiva o aprimoramento da escola e dos profissionais que a recebem. No Brasil, anos mais tarde, esta declaração norteou outros documentos que falam, até os dias atuais, sobre a Educação Especial e a Inclusão, uma vez que "as escolas deveriam acomodar todas as crianças, independente de suas condições físicas, intelectuais, sociais, emocionais, linguísticas ou outras" (UNESCO, 1994).

Desta forma, a Declaração de Salamanca (UNESCO, 1994) demanda que os Estados assegurem a educação das crianças com deficiência, inserindo-as como integrantes do sistema educacional quando se refere aos princípios políticas e práticas na área das necessidades educacionais especiais (Barreta; Cannan, 2012).

Em 1996, a Lei n.º 9.394/96 de Diretrizes e Bases da Educação Nacional (Brasil, 1996) passou a garantir, em seu art. 58, § 1.º, que haveria serviços de apoio especializados às crianças nas escolas regulares sempre que necessário, com o intuito de atender às necessidades especiais de cada criança, sabendo que a efetivação de tais serviços devem ser permanentes no âmbito de ensino, visando as próprias "peculiaridades dos alunos da Educação Especial" (Barreta; Cannan, 2012).

O art. 59 desta mesma lei (Lei 9.394/96, Brasil, 1996) já preconiza a necessidade de os sistemas de ensino assegurarem às crianças com necessidades educacionais especiais um currículo, método, recurso e/ou organização que atendam às suas necessidades; assegura também a terminalidade específica àqueles que não conseguirem atingir o nível exigido para a conclusão do Ensino Fundamental, em decorrência de suas deficiências; e assegura, ainda, a aceleração de estudos aos superdotados para a conclusão do programa escolar (Barreta; Cannan, 2012).

Após alguns anos, em 2001, a Resolução do Conselho Nacional de Educação (CNE/CEB) instituiu as Diretrizes Nacionais para a Educação Especial na Educação Básica (Resolução CNE/CEB n.º 2/2001, Brasil, 2001) que traz, em seu art. 1.º, parágrafo único, a determinação de que o atendimento escolar de crianças com necessidades educacionais especiais seja realizado desde o início da Educação Infantil, assegurando-lhes serviços da Educação Especial sempre que seja evidenciado, mediante avaliação ou interação entre a criança com a família e a comunidade, a necessidade do Atendimento Educacional Especializado (AEE). Em seu art. 2, esta resolução determina que os sistemas de ensino devem matricular todos os alunos, sendo as escolas as responsáveis pela organização de como será realizado o atendimento do AEE, assegurando condições necessárias para a educação de qualidade a todos (Barreta; Cannan, 2012).

Em uma das reformas relacionadas ao processo de mudança da Educação Básica, foram publicadas as Diretrizes Nacionais para a Educação Especial, na Resolução CNE/CEB n.º 4/2009 (Brasil, 2009) em seu art. 1.º, implementando o Decreto n.º 6.571/2008. Esta resolução traz que os sistemas de ensino devem matricular as crianças com deficiências, transtornos globais do desenvolvimento e altas habilidades/superdotação nas classes comuns do ensino regular e no Atendimento Educacional Especializado (AEE), atendimento esse que deve ser ofertado em Sala de Recursos Multifuncionais ou centro de Atendimento Educacional Especializado da rede pública ou de instituições comunitárias e/ou filantrópicas sem fins lucrativos. O art. 2 traz as perspectivas sobre função do AEE, que deve ser complementar ou suplementar a formação da criança por meio da disponibilização de serviços, recursos de acessibilidade e estratégias que eliminem as barreiras para a sua plena participação na sociedade e desenvolvimento de sua aprendizagem.

Há em tramitação no Senado Federal o Projeto de Lei 7081/10 (PL n.º 7081/10, Brasil, 2010) que dispõe sobre o diagnóstico e o tratamento da Dislexia e do Transtorno do Déficit de Atenção e Hiperatividade na Educação Básica, em cujo art. 3.º é trazido que as escolas de Educação Básica devem assegurar às crianças e aos adolescentes com Dislexia e TDAH o acesso aos recursos didáticos adequados ao desenvolvimento de sua aprendizagem. Este projeto de lei foi criado pelo Senador Federal Gerson Camata e foi aprovada a sua redação final em 07 de maio de 2019, estando nas últimas etapas para poder entrar em vigor. A expectativa deste PL é que seja facilitada a identificação e o atendimento às crianças portadoras de Dislexia e/ou TDAH.

A DISLEXIA EM SALA DE AULA

As crianças com Necessidades Educacionais Especiais são aquelas que necessitam de um apoio educacional especial em algum momento de sua vida escolar, não levando em consideração a razão dessas dificuldades, ou seja, podendo ser ou não advindas de uma deficiência ou transtorno (Rafagnin; Rodrigues; Kosloski, 2020). Desta forma, as crianças com NEEs devem ter um atendimento educacional diferenciado, conforme esclarecido na Declaração de Salamanca (UNESCO, 1994).

Ao pensarmos no termo "necessidades educacionais especiais" (NEEs), podemos incluir as crianças com ou sem um transtorno permanente, uma vez que qualquer criança pode apresentar dificuldades no momento da aprendizagem escolar e necessitará de um apoio educacional específico a ela. Então uma criança/adolescente com algum tipo de Transtorno do Neurodesenvolvimento, como os Transtornos Específicos de Aprendizagem e o Transtorno do Déficit de Atenção e/ou Hiperatividade – TDAH (APA, 2014), também podem ser considerados como alunos com NEEs.

As leis brasileiras e os tratados internacionais dos quais o Brasil participa, que tratam sobre a Educação Inclusiva, garantem o atendimento às crianças com NEEs não falando sobre um diagnóstico específico (Rafagnin; Rodrigues; Kosloski, 2020). Esses documentos tendem a levar a escola a um caminho para que recursos necessários sejam utilizados para o cumprimento das necessidades específicas de cada um. Por outro lado, o art. 59 da Lei de Diretrizes e Bases da Educação Nacional – LDBEN (Lei n.º 9394/96, Brasil, 1996) que trata das especificidades da legislação sobre a Educação Especial prevê que "os sistemas de ensino assegurarão aos educandos com deficiência, transtornos globais do desenvolvimento e altas habilidades ou superdotação" e complementa com o § 1.º que essas instituições de ensino deverão realizar adaptações em "currículos, métodos, técnicas, recursos educativos e organização específicos, para atender às suas necessidades" (Lei n.º 12.796/13, Brasil, 2013). No Plano Nacional de Educação para a Educação Especial (Lei n.º 13.005/14, Brasil, 2014) também prevê laudos diagnósticos para realizar o atendimento dessas crianças, seguindo as mesmas definições da LDBEN, nas quais o público-alvo do Atendimento Educacional Especializado são crianças com diagnóstico de deficiências (física, sensorial, mental ou múltipla), Transtornos Globais do Desenvolvimento e Altas Habilidades/superdotação.

Diante destas descrições de leis nacionais e internacionais que ao longo de muitos anos foram criando o caminho para a inclusão de crianças, principalmente no âmbito escolar, não podemos deixar de entender como sinônimos os termos Educação Especial e Educação Inclusiva. A Educação Especial é uma das áreas existentes dentro da educação escolar, transpassa em todos os níveis e etapas de ensino, utilizando de materiais que possam auxiliar a criança na compreensão e atender as suas especificidades. Para isso, foi criado o Atendimento Educacional Especializado (AEE) que é o atendimento do aluno dentro do âmbito escolar ou em centros públicos, como citamos a lei de criação no início do capítulo. Contudo, é sempre importante lembrar que o AEE oferece exclusivamente atendimento pedagógico, e não de outros profissionais (Rafagnin; Rodrigues; Kosloski, 2020).

Por outro lado, a Educação Inclusiva pretende atender a todos os alunos que apresentem Necessidades Educacionais Especiais, sejam essas necessidades passageiras ou não e também não há a necessidade de um laudo diagnóstico (Rafagnin; Rodrigues; Kosloski, 2020). Para Sousa (2018), a Educação Inclusiva é mais ampla e atende a toda a população, enquanto a Educação Especial é uma modalidade de ensino que oferece o Atendimento Educacional Especializado.

CONSIDERAÇÕES FINAIS

Diante da exposição das leis e decretos regentes no Brasil, podemos concluir que todos os alunos regularmente matriculados devem entrar na Educação Inclusiva quando apresentaram dificuldades na aprendizagem, mesmo que estas sejam passageiras ou que não tenham um laudo diagnóstico.

Desta forma, os alunos com Dislexia também podem, e devem, se beneficiar da Educação Inclusiva, sendo oferecido a ele formas de aprendizado que o ajudem a compreender e aprender os conteúdos acadêmicos. Quando o PL n.º 7081/10 entrar em vigor, estes alunos, juntamente com os alunos com TDAH, terão maior respaldo legal para que um maior apoio seja dado no momento de sua aprendizagem. Enquanto isso, vamos lutando dia após dia para beneficiar, da melhor forma possível, a todos os alunos presentes na sala de aula, cada um com suas especificidades, dificuldades e potencialidades.

REFERÊNCIAS

BARRETTA, E. M.; CANAN, S. R. Políticas Públicas de Educação Inclusiva: avanços e recuos a partir dos documentos legais. *In:* SEMINÁRIO DE PESQUISA EM EDUCAÇÃO DA REGIÃO SUL, 9., 2012, Caxias do Sul. **Anais** [...]. Caxias do Sul, RS, 2012.

BRASIL. Ministério da Educação. Lei n.º 8.069, de 13 de julho de 1990. Dispõe sobre o Estatuto da Criança e do Adolescente e dá outras providências. **Diário Oficial da União**: seção 1, Brasília, DF, ano 128, n. 135, p. 13563, 16 jul. 1990

BRASIL. Ministério da Educação. Lei n.º 9.394, de 20 de dezembro de 1996. Estabelece as diretrizes e bases da educação nacional. **Diário Oficial da União**: seção 1, Brasília, DF, ano 134, n. 248, p. 27833, 23 dez. 1996.

BRASIL. Ministério da Educação. Lei n.º 7.853 de 24 de outubro de 1989. Dispõe sobre o apoio às pessoas portadoras de deficiência. **Diário Oficial da União**: seção 1, Brasília, DF, p. 1920, 25 out. 1989.

BRASIL. Ministério da Educação. Lei. n.º 12.796 de 4 de abril de 2013. Altera a Lei n.º 9.394, de 20 de dezembro de 1996, que estabelece as diretrizes e bases da educação nacional, para dispor sobre a formação dos profissionais da educação e dar outras providências. **Diário Oficial da União**: seção 1, Brasília, DF, p. 1, 05 abr. 2013.

BRASIL. Ministério da Educação. Decreto n.º 6.571, de 17 de setembro de 2008. Dispõe sobre o atendimento educacional especializado, regulamenta o parágrafo único do art. 60 da Lei n.º 9.394, de 20 de dezembro de 1996, e acrescenta dispositivo ao Decreto n.º 6.253, de 13 de novembro de 2007. **Diário Oficial da União**: seção 1, Brasília, DF, p. 26, 18 set. 2008.

BRASIL. Projeto de Lei 7081/2010. **Dispõe sobre o diagnóstico e o tratamento da dislexia e do Transtorno do Déficit de Atenção com Hiperatividade na educação básica**. Recuperado em 20 novembro de 2020. Câmara dos deputados, Senado Federal, 2010.

BRASIL. Conselho Nacional de Educação. Resolução CNE/CEB n.º 2 de 11 de setembro de 2001. Institui Diretrizes Nacionais para a Educação Especial na Educação Básica. Brasília. **Diário Oficial da União**: seção 1E, Brasília, DF, p. 39-40, 14 de set. 2001.

BRASIL. Conselho Nacional de Educação. Resolução CEB n.º 4 de 2 de outubro de 2009. Institui diretrizes operacionais para o atendimento educacional especializado na educação básica, modalidade educação especial. Brasília: MEC/CNE/CEB. **Diário Oficial da União**: seção 1, Brasília, DF, p. 17, 5 de out. 2009.

BRASIL. [Constituição (1988)]. **Constituição da República Federativa do Brasil de 1988**. Brasília, DF, Senado Federal, 1988.

BRASIL. Ministério da Educação. Lei n.º 13.005 de 25 de junho de 2014. Aprova o Plano Nacional de Educação-PNE e dá outras providências. **Diário Oficial da União**: seção 1, Brasília, DF, ano 151, n. 120-A, p. 1, 26 jun. 2014.

MANTOAN, M. T. E. Igualdade e diferenças na escola como andar no fio da navalha. **Educação**, v. 29, n. 1, p. 55-64, 2006.

RAFAGNIN, D.; RODRIGUES, M. E.; KOSLOSKI, P. E. B. A Educação Inclusiva e os Transtornos Específicos de Aprendizagem: em foco a Dislexia. **Psicologia Argumento**, v. 38, n. 99, p. 26-45, 2020.

UNESCO. **The Salamanca Statement and Framework for action on special needs education**: Adopted by the World Conference on Special Needs Education; Access and Quality. Salamanca, Spain, 7-10 June 1994.

INSTRUMENTOS DE RASTREIO PARA A IDENTIFICAÇÃO DE ESCOLARES DE RISCO PARA A DISLEXIA

Cláudia Silva

Alexandra Beatriz Portes de Cerqueira-César

O presente capítulo se propôs a descrever a importância da identificação precoce de escolares de risco para dislexia por meio de protocolos de rastreio metalinguísticos e cognitivo-linguísticos em escolares em fase inicial de alfabetização.

IDENTIFICAÇÃO PRECOCE DA DISLEXIA

A identificação precoce de escolares em risco de dislexia é um desafio educacional. Embora a pesquisa científica tenha explorado a natureza, etiologia, avaliação e intervenção deste distúrbio de aprendizagem, os educadores ainda têm dificuldade em reconhecer seus sinais, que sugerem que um escolar pode estar em risco de falha de leitura sem ser identificada.

A identificação precoce permite que as intervenções sejam implementadas antes que o insucesso, baixa autoestima e baixa motivação se instalem (Hulme *et al.*, 2015; Snowling, 2013). No Brasil, esse assunto ainda é bastante novo; as pesquisas se iniciaram em 2009 (Andrade; Prado; Capellini, 2011; Capellini *et al.*, 2009; Fadini; Capellini, 2011; Fukuda; Capellini, 2011, 2012), na tentativa de desenvolver protocolos de rastreio para a identificação precoce de crianças em risco para dislexia.

A dislexia é uma dificuldade de aprendizagem específica de base neurológica que interfere na aquisição e no processamento da linguagem que não é causada por falta de inteligência ou oportunidades de aprendizagem. É caracterizada por dificuldades de leitura, ortografia e/ou escrita que normalmente resultam de um déficit no componente fonológico da linguagem (Lyon; Shaywitz; Shaywitz, 2003).

Franceschini *et al.* (2012) referiram que há evidências consideráveis ao longo dos anos escolares de que quanto mais cedo os problemas relacionados à alfabetização forem identificados, mais eficazes e mais econômicas serão as intervenções. As habilidades com as quais uma criança entra na escola são altamente preditivas do progresso futuro.

> A identificação precoce e precisa de crianças com risco de dislexia é fundamental para a prevenção de déficits de leitura e remediação destes. Dessa forma, protocolos de rastreio que consigam identificar precocemente esse déficit e monitorá-lo durante todo o período de alfabetização são muito importantes para que consigamos garantir instruções adicionais precisas e prevenir a falha e/ou atraso desses escolares com relação a seu grupo-classe.

Nesse capítulo, apresentaremos dois protocolos de rastreio para identificação precoce dos problemas de aprendizagem em escolares de 1.º e 2.º anos do Ensino Fundamental I.

Estudos relataram que as habilidades metafonológicas, memória operacional fonológica e velocidade de processamento correspondem aos mecanismos fonológicos centrais da aquisição de leitura e escrita que também foram relatadas por De Jong e Van der Leij (1999). Hulme e Snowling (2014) consideraram o conhecimento das letras, a relação grafema-fonema, as habilidades metafonológicas e a nomeação automática rápida como preditores que são importantes, uma vez que torna possível diferenciar o desempenho individual em alunos em risco para dislexia em relação às habilidades de decodificação em línguas alfabéticas nos estágios iniciais.

Shaywitz e Shaywitz (2005) identificaram que os alunos com dislexia do desenvolvimento continuam a apresentar dificuldades no reconhecimento de palavras, fluência de leitura e em ortografia, mesmo após receberam instruções adequadas.

Autores também descreveram que a dislexia é o resultado de vários fatores de risco, e crianças com dificuldades de linguagem nos primeiros anos escolares são geralmente considerados de alto risco para dificuldades de aprendizagem (Kirby *et al.*, 2010, Snowling, 2013; Hulme *et al.*, 2015).

Outra questão importante sobre dislexia refere-se ao histórico familiar, que também desempenha um importante papel como um preditor do resultado da alfabetização nos anos pré-escolares. Contudo, os protocolos de rastreio só ajudarão a identificar o risco após os escolares iniciarem o processo de alfabetização na escola, quando terão aulas formais e instruções sobre o conhecimento das letras, habilidades metafonológicas, memória operacional fonológica, velocidade de processamento e de leitura; juntas fornecem boa sensibilidade e especificidade como uma bateria de rastreio (Norton; Wolf, 2012).

PROTOCOLO DE IDENTIFICAÇÃO PRECOCE DOS PROBLEMAS DE LEITURA – IPPL (CAPELLINI; CÉSAR; GERMANO, 2017)

Dentre os instrumentos que avaliam as habilidades do processamento fonológico no Brasil, neste capítulo, o enfoque será direcionado para o Protocolo de Identificação Precoce dos Problemas de Leitura - IPPL (Capellini; César; Germano, 2017) e englobados escolares pertencentes ao 1.º e 2.º anos do Ensino Fundamental I.

O instrumento abarca as habilidades de conhecimento do alfabeto, do processamento fonológico (habilidades metafonológicas, memória operacional fonológica e velocidade de processamento) e de decodificação, que devem ser adquiridas, desenvolvidas e ampliadas para a aprendizagem da leitura. A Figura 1 apresenta as habilidades contidas nesses instrumentos de forma sequencial.

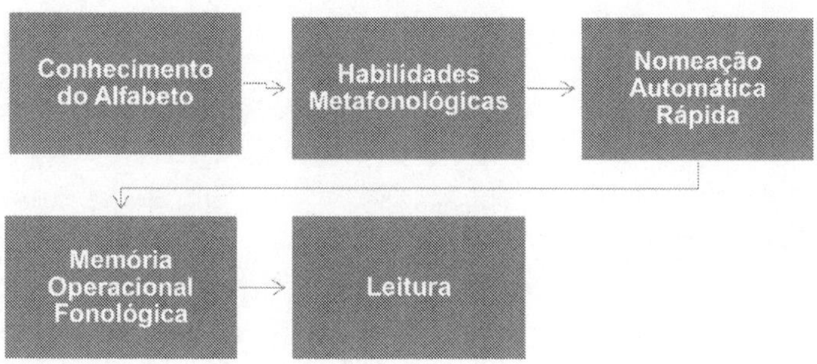

Figura 1 – Estrutura das habilidades avaliadas no Protocolo de Identificação Precoce dos Problemas de Leitura

Fonte: Elaborado pelas autoras.

Como a leitura envolve múltiplos processos linguísticos, visuais e de atenção, é provável que padrões variáveis de déficits possam contribuir para as dificuldades de leitura entre os escolares, conforme mencionado por Norton e Wolf (2012). Dessa forma, o IPPL considerou tais investigações que demonstraram que crianças disléxicas podem ter dificuldades em processos subjacentes, como nomeação automática rápida (RAN), prova que também se relaciona ao processamento de atenção visual (Franceschini *et al.*, 2012; Germano *et al.*, 2014).

O Protocolo é composto por cinco habilidades metalinguísticas divididas em doze testes. Os testes e a justificativa para sua seleção são apresentados na Tabela 1.

Testes do Protocolo	Justificativa
(1) Conhecimento do Alfabeto	Pennington e Lefly (2001) afirmaram que o conhecimento do nome das letras está na interseção entre a linguagem falada e a escrita porque as letras são as representações escritas de fonemas ou combinações de fonemas e capacidade de aprender nomes de letras depende do desenvolvimento fonológico subjacente.
(2) Habilidades Metafonológicas: Composta pelos subtestes (2.1) Produção de Rima (2.2) Identificação de Rima (2.3) Produção de Palavra a partir de fonema dado (2.4) Segmentação Silábica (2.5) Síntese Fonêmica (2.6) Análise Fonêmica (2.7) Identificação de Fonema Inicial	Conforme relatado por Brunswick, Martin e Rippon (2012), enquanto a consciência de sílaba se desenvolvem independentemente da instrução de leitura em crianças de 3 a 5 anos de idade, a consciência de unidades menores de som, como o fonema, geralmente se desenvolve mais tarde como resultado do desenvolvimento da leitura (CARDOSO-MARTINS; PENNINGTON, 2004; ZIEGLER; GOSWAMI, 2006).
(3) Memória Operacional Fonológica	As habilidades de repetição de não palavras prejudicadas têm se mostrado consistentemente características de leitores pobres e crianças classificadas como disléxicas, conforme descrito por Gathercole et al. (1994).
(4) Nomeação Automática Rápida	De acordo com Jones et al. (2010), a velocidade de nomeação nessas tarefas é proposta para avaliar fatores de baixo nível envolvidos na fluência de leitura, tais como: atenção aos processos visuais bi-hemisféricos do estímulo responsáveis pela detecção de traços; correspondência de característica e codificação de padrão para representações ortográficas armazenadas; integração de informação visual e fonológica; e ativação motora levando à articulação.
(5) Leitura: Composta pelos subtestes (5.1) Leitura Silenciosa (5.2) Leitura de Palavras e Não Palavras	O reconhecimento de palavras é a tradução da impressão para a linguagem (ou seja, sons e palavras) e a compreensão é a compreensão da linguagem (CATTS; HOGAN, 2003; RACK; SNOWLING; OLSON, 1992). Além disso, o reconhecimento de palavras é um bom preditor do desempenho da compreensão de leitura em crianças no início da aquisição da leitura (CHAVES-SOUSA et al., 2016).

Tabela 1 – Lista de habilidades, testes e justificativa do protocolo de identificação precoce dos problemas de leitura (CAPELLINI; CÉSAR; CAPELLINI, 2017)

Fonte: Elaborado pelas autoras.

O protocolo, além de identificar escolares de risco para problemas de leitura, como a dislexia, também possibilita a análise de fatores preditivos para tais problemas, sendo eles: pré-leitura (conhecimento de letras; produção de rima; identificação de rima; produção de palavras a partir de um fonema dado e Identificação do fonema inicial); decodificação (síntese fonêmica, análise fonêmica, nomeação automática rápida, leitura de palavras e não palavras); leitura (leitura silenciosa e segmentação silábica).

INSTRUMENTO DE RASTREIO COGNITIVO-LINGUÍSTICO PARA IDENTIFICAÇÃO DE ESCOLARES DE RISCO PARA DISLEXIA

A avaliação das habilidades cognitivo-linguísticas tem por objetivo identificar possíveis habilidades que possam estar alteradas e, consequentemente, interferindo no processo regular da alfabetização. Em muitos casos, as demandas são identificadas frente a condições adequadas de ensino/aprendizagem e diante de uma criança sem alterações de cunho biológico. Nessas condições, o rastreio das habilidades cognitivo-linguísticas busca, por meio do desempenho em processo avaliativo, identificar os déficits apresentados pelo escolar e possíveis sinais de risco para a dislexia (Silva; Capellini, 2019).

Essa proposta de avaliação tende a ser amplamente divulgada e citada na literatura nacional e internacional, por se tratar de um rastreio com possibilidade de aplicação clínica e educacional. A proposta clínica se direciona para um cenário de avaliação individualizada com parâmetros de análise exclusivo do próprio protocolo utilizado. Em contrapartida, para a proposta educacional, além parâmetros do protocolo, torna-se possível realizar uma comparação entre as médias de desempenho do próprio grupo/classe, identificando as fragilidades e as potencialidades da proposta educacional empregada (Moll *et al.*, 2016; Kruk; Ruban, 2018; Silva; Gualberto; Neves, 2019).

Ao se propor uma análise de rastreio em escolares, dentro do processo de alfabetização, a aplicabilidade do instrumento permitirá traçar um perfil de desempenho escolar capaz de identificar sinais de risco para a dificuldades de aprendizagem e, até mesmo, para a dislexia. Os principais sinais de risco para a dislexia citados na literatura indicam que os escolares que possuem, principalmente, dificuldade no reconhecimento, identificação e memorização das letras do alfabeto (em sequência e aleatória), decodificação de palavras regulares e de alta frequência, assim como para frases simples e curtas, têm potencial característica para o risco da dislexia e necessitam de um acompanhamento *continuum* dentro da alfabetização e nos anos posteriores (Silva; Capellini, 2017).

O olhar cauteloso para esses escolares pode ser direcionado a partir dos Anos Iniciais que compõem o Ensino Fundamental, embasado nos resultados obtidos nas atividades escolares regulares e, quando possível, com a aplicabilidade de instrumentos de rastreio que possibilitem a identificação e o monitoramento das fragilidades ou quebras nos processos cognitivos associados à linguagem que, por ventura, estejam bloqueando novos aprendizados acadêmicos.

QUAIS HABILIDADES COGNITIVO-LINGUÍSTICAS AVALIAR?

Dentre os instrumentos que avaliam as habilidades cognitivo-linguísticas no Brasil, neste capítulo, o enfoque será direcionado para dois protocolos, sendo eles o Protocolo de Avaliação das Habilidades Cognitivo-linguísticas para escolares em fase inicial de alfabetização, englobado escolares pertencentes ao 1.º e 2.º anos do Ensino Fundamental I (Silva; Capellini, 2019). Enquanto continuidade dessa avaliação, para os escolares do 3.º ao 5.º anos do Ensino Fundamental I, será direcionado o Protocolo de Avaliação das Habilidades Cognitivo-linguísticas – Livro do Profissional e do Professor (Capellini; Smythe; Silva, 2017).

Ambos os instrumentos abarcam as habilidades cognitivo-linguísticas que devem ser adquiridas, desenvolvidas e ampliadas para a aprendizagem da leitura e da escrita, avaliando de forma processual o desempenho escolar. A Figura 1 apresenta as habilidades contidas nesses instrumentos, apresentadas de forma sequencial até que se obtenha o resultado final entre os processos de aquisição, ou seja, a leitura e escrita.

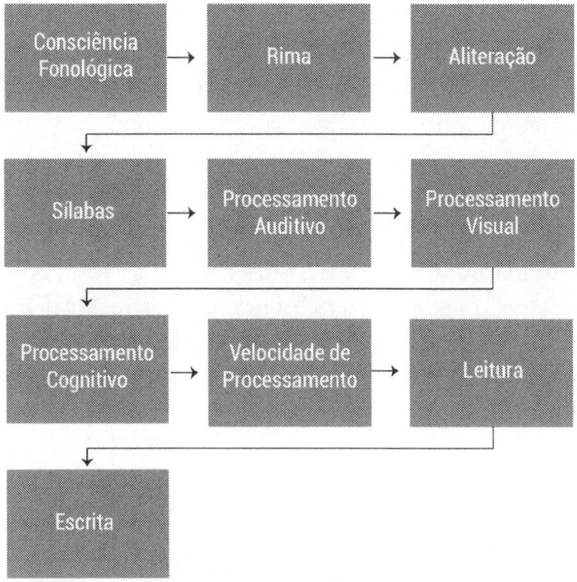

Figura 2 – Estrutura das habilidades avaliadas nos Protocolo de Avaliação das Habilidades Cognitivo-linguísticas

Fonte: Protocolo de Avaliação das Habilidades Cognitivo-Linguísticas (Capellini; Smythe; Silva, 2012, 2019).

Cada uma das habilidades apresentadas é responsável por uma característica peculiar para o acesso, por um processamento específico, no entanto, a atuação em conjunto desse sistema é o que possibilita a aprendizagem integralizada. Nessa perspectiva, principalmente quando se almeja o trabalho com rastreio educacional, torna-se de extrema necessidade reconhecer a função e acesso das habilidades isoladamente para, em seguida, compreender sua atuação integral.

O ponto de partida para esta apresentação será a habilidade metalinguística, composta pela consciência fonológica e silábica. A consciência fonológica compreendida como a habilidade que nos permite refletir sobre os sons que compõem a língua, para poder manipular seus segmentos. Além de ser responsável pela aplicabilidade reflexiva da língua, pois permite ao aprendiz compreender as estruturas que compõem uma palavra e que novas palavras podem ser formadas a partir dessas estruturas, dando início a um aprendizado reflexivo.

A consciência silábica não menos importante, também responsável pela reflexão sobre a estrutura de palavras, no entanto, de mais fácil percepção para o escolar, uma vez que se refere a unidades maiores e de mais fácil percepção, quando comparado aos fonemas. Tanto a percepção, discriminação e identificação de segmentos fonêmicos e silábicos é fundamental para a compreensão da estrutura das palavras, assim como para a aquisição da leitura, inicialmente de palavras regulares e de alta frequência e, posteriormente, de palavras irregulares de baixa frequência.

Quanto mais desenvolvidos os aspectos que compõem as habilidades metalinguísticas, melhores serão os acessos às diferentes rotas que compõem o aprendizado da leitura e escrita. Neste contexto, direcionamos a atenção para o desenvolvimento e atuação efetiva das rotas de acesso à informação, ou seja, a rota fonológica (via identificação dos segmentos que compõem a palavra) e lexical (via identificação da palavra como um todo).

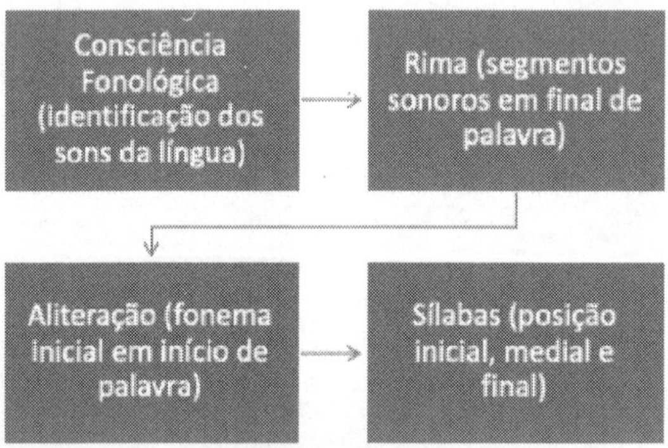

Figura 3 – Habilidade metalinguística avaliada nos Protocolo de Avaliação das Habilidades Cognitivo-linguísticas

Fonte: Protocolo de Avaliação das Habilidades Cognitivo-Linguísticas (Capellini; Smythe; Silva, 2012, 2019).

As próximas habilidades apresentadas serão a de processamento auditivo e visual. Tais habilidades são fundamentais por ser consideradas duas importantes portas de recepção das informações externas, enquanto entrada sensorial via audição e visão. Portanto, serão apresentadas em conjunto por exercerem a função de processar informações, devido a sua capacidade de discriminação, armazenamento e recuperação de estímulos.

O processamento auditivo responsável pela aquisição da linguagem oral, já nos primeiros momentos de vida do indivíduo, se desenvolve e se especializa com tamanha especificidade, que será o responsável por grande parte dos estímulos que recebemos nas fases posteriores e, consequentemente, durante a alfabetização. A quebra nesse processo pode desencadear alterações em aspectos fundamentais, como a dificuldade e reconhecer e discriminar estímulos auditivos da fala, para posteriormente transpor para a leitura e escrita.

Já o processamento visual se caracteriza pelo filtro das imagens que recebemos constantemente do meio ao qual estamos inseridos. A discriminação entre formas, percepção espacial e características específicas que observamos visualmente são transferidas para o para a leitura e escrita a partir da discriminação das letras, suas posições e organização primária para a formação das palavras.

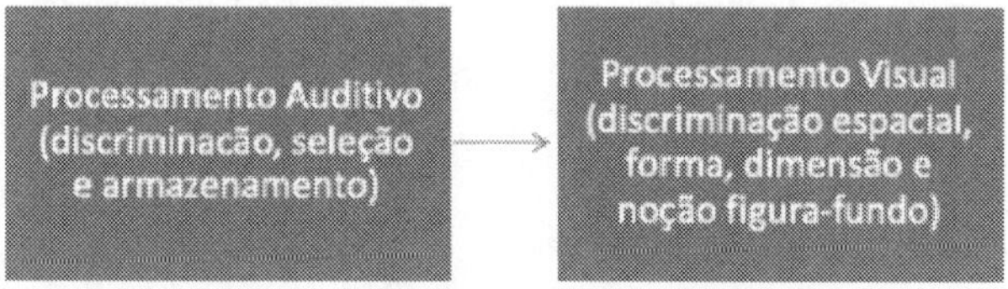

Figura 4 – Habilidades de processamento auditivo e visual avaliadas nos Protocolo de Avaliação das Habilidades Cognitivo-linguísticas

Fonte: Protocolo de Avaliação das Habilidades Cognitivo-Linguísticas (Capellini; Smythe; Silva, 2012, 2019).

Outras duas habilidades relacionadas ao processamento da informação dizem respeito ao processamento cognitivo, presente em absolutamente todas as atividades realizadas dentro e fora do âmbito escolar, por atuar com aspectos fundamentais como a atenção (sustentada e dividida), memória (operacional e fonológica), planejamento e execução para a manipulação de estímulos sequenciais e aleatórios. O processamento cognitivo dos estímulos para a aprendizagem possibilita que ao recuperar uma informação, após realizado seu armazenamento, as demandas cognitivas sejam mais leves, ou seja, demanda menos esforços para a recuperação da informação desejada e no emprego dessa informação na atividade.

Assim, o processamento cognitivo se relaciona diretamente aos aspectos da habilidade de velocidade de processamento, sendo esta a habilidade responsável por receber estímulos e processá-los de forma sequencial e rápida, de forma que demanda poucos recursos cognitivos, tornando o acesso mais preciso e sem grandes demandas para a realização de uma atividade.

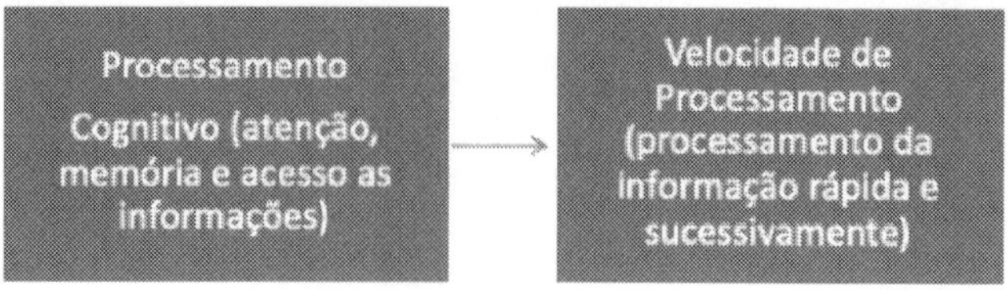

Figura 5 – Habilidade de processamento cognitivo e velocidade de processamento avaliadas nos Protocolo de Avaliação das Habilidades Cognitivo-linguísticas

Fonte: Protocolo de Avaliação das Habilidades Cognitivo-Linguísticas (Capellini; Smythe; Silva, 2012, 2019).

As duas últimas habilidades apresentadas nesse processo são a leitura e escrita, em que a leitura retrata a decodificação de sequências de letras que formam as palavras e a escrita refere-se à codificação dos símbolos compondo palavras. O resultado do processo de leitura e escrita, neste contexto de avaliação se traduz na influência das habilidades descritas anteriormente, buscando compreender qual e/ou quais podem estar interferindo na aquisição e desenvolvimento da aquisição do ato de ler e escrever.

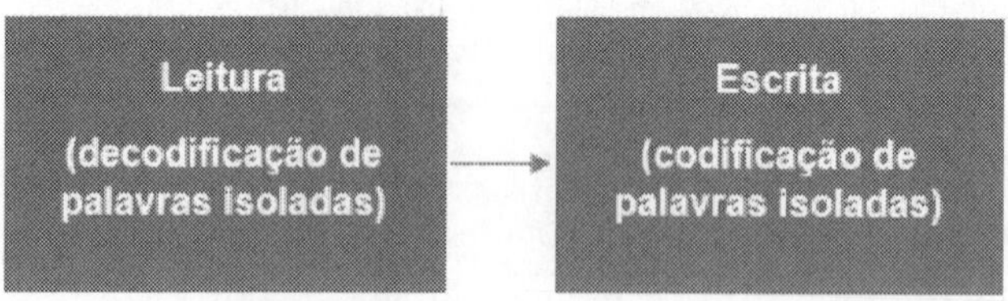

Figura 6 – Habilidade de leitura e escrita avaliadas nos Protocolo de Avaliação das Habilidades Cognitivo-linguísticas

Fonte: Protocolo de Avaliação das Habilidades Cognitivo-Linguísticas (Capellini; Smythe; Silva, 2012, 2019).

CONSIDERAÇÕES FINAIS

Os rastreios metalinguísticos e cognitivo-linguísticos tratam-se de ferramentas potentes que possibilitam identificar se existem falhas no processo inicial da leitura e da escrita por meio das habilidades que constituem seu desenvolvimento. Assim, estes instrumentos se propõem a auxiliar profissionais clínicos e educacionais a identificar os escolares via análise individual do desempenho ou em comparação ao seu grupo-classe, realizando o levantamento do perfil educacional para as habilidades metalinguísticas, de processamento auditivo, visual, cognitivo e para a velocidade de processamento (Berninger *et al.*, 2017; Souza; Escarce; Lemos; 2019; Silva; Gualberto; Neves, 2019).

A quebra em uma ou mais dessas habilidades pode interferir na aprendizagem escolar levando a desempenhos insatisfatórios para a leitura e escrita, além de diminuição dos índices de desempenho e aumento das demandas cognitivas, no sentido de levar o escolar a despender mais tempo e recursos cognitivos e linguísticos para a realização de uma atividade. Nesse contexto, quanto antes for identificado qual o perfil dos escolares ou da turma com a qual se está atuando, melhor serão as possibilidades de atuação via estimulação ou intervenção, tanto clínicas quanto educacionais.

REFERÊNCIAS

ANDRADE, O. V. C. A., PRADO, P. S. T., CAPELLINI, S. A. Desenvolvimento de ferramentas pedagógicas para identificação de escolares de risco para a dislexia. **Revista de Psicopedagogia**, v. 28, n. 85, p. 14–28, 2011.

BERNINGER, V.; ABBOTT, R.; COOK, C. R.; NAGY, W. Relationships of attention and executive functions to oral language, reading, and writing skills and systems in middle childhood and early adolescence. **Journal of Learning Disabilities**, v. 50, n. 4, p. 434-449, 2017. DOI: http://dx.doi.org/10.1177/0022219415617167.

BRUNSWICK, N.; MARTIN, G. N.; RIPPON, G. Early cognitive profiles of emergent readers: a longitudinal study. **Journal of Experimental Child Psychology**, v. 111, n. 2, p. 268–285, 2012. DOI: 10.1016/j.jecp.2011.08.001.

CAPELLINI, S. A.; SMYTHE, I.; SILVA, C. **Protocolo de avaliação das habilidades cognitivo-linguísticas**. Livro do profissional e do professor. Ribeirão Preto: Booktoy, 2017.

CAPELLINI, S. A.; CÉSAR, A. B. P.; GERMANO, G. D. **Protocolo de Identificação Precoce dos Problemas de Leitura**. Booktoy: Livraria e Editora, 2017.

CAPELLINI, S. A.; SAMPAIO, M. N.; FUKUDA, M. T. M.; OLIVEIRA, A. M de.; FADINI, C. C.; MARTINS, M. A. Protocolo de identificação precoce dos problemas de leitura: estudo preliminar com escolares de 1.º ano escolar. **Revista de Psicopedagogia**, v. 26, ed. 81, p. 367–375, 2009.

CARDOSO-MARTINS, C.; PENNINGTON, B. F. The relationship between Phoneme awareness and rapid serial naming skills and literacy acquisition: the role of developmental period and reading ability. **Scientific Studies of Reading**, v. 8, n. 1, p. 27–52, 2004. DOI: 10.1207/s1532799xssr0801_3.

CATTS, H. W.; HOGAN, T. P. Language basis of reading disabilities and implications for early identification and remediation. **Reading Psychology**, v. 24, p. 223–246, 2003. DOI: 10.1080/02702710390227314.

CHAVES-SOUSA, S.; SANTOS, A.; VIANA, F. L.; VALE, A. P.; CADIME, I.; PRIETO, G.; RIBEIRO, I. Development of a word reading test: identifying students at-risk for reading problems. **Learning and Individual Differences**, v. 56, p. 159–166, 2016. DOI: 10.1016/j.lindif.2016. 11.008

DE JONG, P. F.; VAN DER LEIJ, A. Specific contributions of phonological abilities to early reading acquisition: results from a Dutch latent variable longitudinal study. **Journal of Educational Psychology**, v. 91, p. 450–476, 1999. DOI: 10.1037/0022- 0663.91.3.450.

FRANCESCHINI, S.; GORI, S.; RUFFINO, M.; PEDROLLI, K.; FACOETTI, A. A causal link between visual spatial attention and reading acquisition. **Current Biology**, v. 22, p. 814–819, 2012. DOI: 10.1016/j.cub.2012.03.013.

FUKUDA, M. T. M.; CAPELLINI, S. A. Treinamento de habilidades fonológicas e correspondência grafema-fonema em crianças de risco para dislexia. **Revista CEFAC**, v. 13, p. 227–235, 2011. DOI: 10.1590/S1516-18462010005000074.

FUKUDA, M. T. M.; CAPELLINI, S. A. Programa de Intervenção Fonológica associado à correspondência grafema-fonema em escolares de risco para a dislexia. **Psicologia: Reflexão e Crítica**, v. 25, p. 783–790, 2012. DOI: 10.1590/S0102-79722012000 400018.

GATHERCOLE, S. E.; WILLIS, C. S.; BADDELEY, A. D.; EMSLIE, H. The children's test of nonword repetition: a test of phonological working memory. **Memory**, v. 2, p. 103–127, 1994. DOI: 10.1080/09658219408258940.

HULME, C.; SNOWLING, M. J. The interface between spoken and written language: developmental disorders. **Philosophical Transactions of the Royal Society B: Biological Sciences**, v. 369, n. 1634, 2014.

HULME, C.; NASH, H. M.; GOOCH, D.; LERVÅG, A.; SNOWLING, M. J. The foundations of literacy development in children at familial risk of dyslexia. **Psychology Science**, v. 26, p. 1877–1886, 2015. DOI: 10.1177/0956797615603702.

JONES, M. W.; BRANIGAN, H. P.; HATZIDAKI, A.; OBREGÓN, M. Is the 'naming' deficit in dyslexia a misnomer? **Cognition**, v. 116, p. 56–70, 2010. DOI: 10.1016/j.cognition.2010.03.015.

KIRBY, J. R.; GEORGIOU, G. K.; MARTINUSSEN, R.; PARRILA, R.; BOWERS, P.; LANDERL, K. Naming speed and reading: from prediction to instruction. **Reading Research**, v. 45, p. 341–362, 2010. DOI: 10.1598/RRQ.45.3.4

KRUK, R. S.; RUBAN, C. L. Beyond phonology: visual processes predict alphanumeric and non alphanumeric rapid naming in poor early readers. **Journal of Learning Disabilities**, v. 51, n. 1, p. 18-31, 2018. DOI: http://dx.doi.org/10.1177/0022219416678406.

LYON, G. R.; SHAYWITZ, S. E.; SHAYWITZ, B. A. A definition of dyslexia. **Annals of dyslexia**, v. 53, n. 1, p. 1-14, 2003.

MOLL, K.; GÖBEL, S. M.; GOOCH, D.; LANDERL, K.; SNOWLING, M. J. Cognitive Risk Factors for Specific Learning Disorder: Processing Speed, Temporal Processing, and Working Memory. **Journal of Learning Disabilities**, v. 49, n. 3, p. 272-281, 2016. DOI: http://dx.doi.org/10.1177/0022219414547221.

NORTON, E. S.; WOLF, M. Rapid automatized naming (RAN) and reading fluency: Implications for understanding and treatment of reading disabilities. **Annual Review of Psychology**, v. 63, p. 427–452, 2012. DOI: 10.1146/annurev-psych-120710-100431.

PENNINGTON, B. F.; LEFLY, D. L. Early reading development in children at family risk for dyslexia. **Child Development**, v. 72, p. 816–833, 2001. DOI: 10.1111/1467-8624.00317.

RACK, J. P.; SNOWLING, M. J.; OLSON, R. K. The nonword reading deficit in developmental dyslexia: a review. **Reading Research Quarter**, v. 27, p. 29–53, 1992. DOI: 10.2307/747832.

SHAYWITZ, S. E.; SHAYWITZ, B. A. Dyslexia (specific reading disability). **Biological Psychiatry**, v. 57, p. 1301–1309, 2005. DOI: 10.1016/j.biopsych.2005.01.043

SILVA, C.; CAPELLINI, S. A. Comparison of performance in metalinguistic tasks among students with and without risk of dyslexia. **Journal of Human Growth and Development**, v. 27, n. 2, p. 198-205, 2017. DOI: http://dx.doi.org/10.7322/jhgd.118823.

SILVA, C.; CAPELLINI, S. A. **Protocolo de Avaliação das Habilidades Cognitivo-Linguísticas para escolares em fase inicial de alfabetização**. Ribeirão Preto: Booktoy, 2019.

SILVA, C.; GUALBERTO, B. D.; NEVES, I.M.P. The performance of elementary public and private school students pre and post phonological intervention. **Revista CEFAC**, v. 21, n. 2, e15718, 2019. DOI: http://dx.doi.org/10.1590/1982-0216/201921215718.

SNOWLING, M. J. Early identification and interventions for dyslexia: a contemporary view. **JORSEN**, v. 13, p. 7–14, 2013. DOI: 10.1111/j.1471-3802.2012.01262.x.

SOUZA, C. A.; ESCARCE, A. G.; LEMOS, S. M. A. Reading competence of words and pseudo words, school performance and listening skills in primary schools. ***Audiology Communication* Research**, v. 24, e2018, 2019. DOI: https://doi.org/10.1590/2317-6431-2018-2018.

ZIEGLER, J. C.; GOSWAMI, U. Becoming literate in different languages: similar problems, different solutions. **Developmental Science**, v. 9, p. 429–436, 2006. DOI: 10.1111/j.1467- 7687.2006.00509.x.

MANIFESTAÇÕES APRESENTADAS NA EDUCAÇÃO INFANTIL COMO SINAL DE RISCO PARA DISLEXIA

Bianca Arruda Manchester de Queiroga

Camila Arruda Manchester de Queiroga

A proposta do capítulo é apresentar um conjunto de manifestações que podem ser consideradas como sinais de risco para a dislexia em crianças da Educação Infantil. Para tanto, são apresentados resultados de pesquisas nacionais e internacionais, apontando-se algumas lacunas na literatura e destacando-se a importância da intervenção precoce voltada ao desenvolvimento de habilidades cognitivo-linguísticas nessa etapa de ensino.

INTRODUÇÃO

Considerando que os principais sintomas da dislexia estão relacionados a dificuldades para aprender a ler e escrever, geralmente o transtorno só é percebido após a chegada da criança nos Anos Iniciais do Ensino Fundamental, período conhecido como ciclo de alfabetização.

Nesta perspectiva, Catts e Chan (2011) destacam que como o principal sintoma da dislexia é a dificuldade em aprender a ler, os profissionais interessados na identificação e diagnóstico precoces em geral têm que esperar que a criança receba a instrução formal em leitura escrita, que no Brasil acontece, do 1.º aos 3.º anos do Ensino Fundamental, para que seja possível a realização do diagnóstico.

Apesar disso, atualmente, um número considerável de pesquisas tem revelado que as crianças disléxicas poderão enfrentar menos dificuldades para aprender a ler e escrever se forem identificadas precocemente e receberem uma abordagem educacional apropriada às suas necessidades.

Considerando os avanços recentes na chamada "Ciência da Leitura" que destacam a importância da Educação Infantil para o sucesso da aprendizagem posterior (Sargiani; Maluf, 2018), surgem então alguns questionamentos:

a) Se só é possível o diagnostico a partir dos 8 anos de idade, no final do ciclo de alfabetização, como é possível identificar precocemente crianças em risco para o transtorno na fase pré-escolar?

b) Quais as evidências disponíveis para estimular as crianças em risco de modo a minimizar os impactos do transtorno (caso confirmado posteriormente) ou a otimizar o seu desenvolvimento e aprendizado?

O presente capítulo tem o objetivo de responder a essas questões apresentando um conjunto de evidências científicas nacionais e internacionais voltadas à identificação e intervenção educacionais precoce para pré-escolares em risco para a dislexia.

IDENTIFICAÇÃO PRECOCE DE PRÉ-ESCOLARES EM RISCO PARA A DISLEXIA

Antes de aprofundar a temática, é importante apresentar a diferença conceitual entre identificação (ou detecção) e diagnóstico precoces da dislexia.

Geralmente, a dislexia, cujo principal sintoma é a dificuldade nos processos de leitura e escrita, não pode ser diagnosticada antes dos dois anos iniciais do Ensino Fundamental, visto que é somente nessa etapa do processo de escolarização que a dificuldade se tornará evidente. Contudo, a identificação precoce de crianças de risco para o transtorno na etapa pré-escolar tem sido cada vez mais defendida por estudos conduzidos em diferentes países, que defendem que a identificação e estimulação precoces voltadas ao desenvolvimento das habilidades cognitivo-linguísticas que são preditoras da aprendizagem da leitura e escrita, desde a Educação Infantil, poderão limitar ou atenuar o impacto do transtorno na vida da criança. Neste sentido, o desafio das pesquisas têm sido identificar os fatores de risco e as habilidades comumente afetadas na etapa pré-escolar em crianças que são posteriormente diagnósticas com dislexia (Catts; Chan, 2011; Gaggi *et al.*, 2017).

Em uma revisão acerca dos fatores que devem ser pesquisados para a identificação da dislexia na Educação Infantil, Catts e Chan (2011) destacam-se o histórico familiar e o prejuízo em algumas habilidades cognitivo-linguísticas como os principais sinais de alerta para o risco de dislexia.

Em relação ao **histórico familiar**, estudos relatam uma elevada prevalência de dificuldades em leitura e outras habilidades correlatadas em familiares de crianças disléxicas, sugerindo, fortemente, a existência de antecedentes familiares em crianças com dislexia, compatíveis com a hipótese da transmissão genética do transtorno (Catts; Chan, 2011).

Com o objetivo de quantificar o risco passado dos pais para os filhos, Snowling *et al.* (2012) validaram um protocolo para mensurar o autorrelato de problemas de dislexia e problemas correlatos em familiares de crianças com dislexia. Os resultados revelaram que a escala pode ser útil para avaliar o risco familiar para a dislexia em pré-escolares, contribuindo para a identificação precoce dessas crianças. Este protocolo, denominado *Adult Reading Questionnaire - ARQ*, tem sido utilizado em diversos estudos que buscam identificar o risco familiar para a dislexia.

É importante destacar que apesar de estar indicado na literatura científica como um dos principais sinais de risco para a dislexia, no Brasil, as escolas não têm o hábito de pesquisar a existência de antecedentes familiares para os transtornos de aprendizagem, sendo esse um procedimento que deveria ser adotado por todas as escolas de Educação Infantil.

Além do próprio histórico familiar, outros aspectos relacionados aos hábitos familiares têm sido associados como **fatores ambientais** de risco para a dislexia. Dilnot *et al.* (2017) investigaram a influência de fatores como perfil socioeconômico, literacia familiar, estresse familiar e saúde da criança em pré-escolares em risco familiar para a dislexia, pré-escolares com problemas de linguagem e um grupo controle. De modo geral, os resultados mostraram que as crianças em risco familiar e com problemas de linguagem enfrentavam mais adversidades ambientais que as crianças do grupo controle.

É importante destacar que tais resultados não pretendem afirmar a possibilidade de existirem causas ambientais para a dislexia. Ao contrário disso, os resultados podem ser úteis para compreender como o quadro pode ser agravado por fatores ambientais. A este respeito, Dilnot *et al.* (2017) argumentam que uma possível explicação é que os pais com histórico de dislexia podem limitar a literacia familiar em virtude de suas próprias dificuldades.

No Brasil, as desigualdades de oportunidades socioeducacionais são imensas, o que torna a consideração dos fatores ambientais especialmente importantes. Talvez este aspecto seja uma das principais dificuldades para o diagnóstico precoce da dislexia, visto que as crianças que chegam aos serviços públicos de saúde para diagnóstico de transtornos de aprendizagem geralmente sofreram grandes privações de estímulos ao aprendizado no ambiente familiar, assim como um ensino deficitário na escola.

Partindo agora para as habilidades cognitivo-linguísticas que podem sinalizar o risco para a dislexia, destacam-se inicialmente, os **atrasos no desenvolvimento da linguagem.**

Nash *et al.* (2013) afirmam que crianças em risco familiar para dislexia costumam apresentar importantes atrasos de linguagem no período pré-escolar, em múltiplos domínios da linguagem, com destaque para os déficits fonológicos, que serão reportados a seguir. Em um estudo realizado com 112 pré-escolares com risco familiar para dislexia, os autores compararam crianças com atrasos de linguagem e desenvolvimento típico. Concluíram que existe uma alta correlação entre o risco familiar para a dislexia e os atrasos no desenvolvimento da linguagem, incluindo o déficit fonológico. Aproximadamente 50% das crianças em risco familiar apresentavam déficits fonológicos, o que os colocavam em risco para dificuldades de decodificação que caracterizam a dislexia em sua fase mais inicial. Além disso, a maioria das crianças com atrasos de linguagem também tinha déficits fonológicos, além de déficits com outras habilidades linguísticas.

Assim, a ocorrência de **transtornos fonológicos** durante o período de aquisição da linguagem é apontada em diversos estudos como um dos principais sinais de alerta para identificar precocemente crianças em risco para a dislexia na fase pré-escolar.

Um recente estudo internacional buscou acompanhar crianças com dificuldades de linguagem no período pré-escolar, com idades de 3 anos e meio. Quando as crianças atingiram a idade de 8 anos, algumas foram diagnosticadas com dislexia ou com transtornos de linguagem. Observou-se que as crianças com dislexia tinham histórico de dificuldades específicas com fonologia e habilidades preditoras da leitura, enquanto as crianças com outros transtornos de linguagem tinham uma ampla gama de prejuízos, incluindo significativas dificuldades com tarefas executivas e motoras. Os autores concluíram que prejuízos na fonologia são os maiores fatores de risco para a dislexia (Snowling *et al.*, 2019).

Um outro estudo buscou investigar se as dificuldades fonológicas de pré-escolares que desenvolveram posteriormente a dislexia seriam apenas relacionadas à fonologia segmental, no nível do fonema, ou também relacionadas à fonologia suprassegmental (prosódia), no nível da palavra e de frases. De modo geral, o estudo revelou que, de fato, o nível segmental é o mais afetado nesta população, mas que os prejuízos no processamento prosódico, no nível da palavra, também foram observados. Não foram observados prejuízos do processamento fonológico suprassegmental no nível de frases. Estes são resultados importantes para caracterizar o déficit fonológico nessas crianças, contribuindo não apenas com a identificação precoce de crianças em risco para a dislexia, mas também com o diagnóstico diferencial de outras alterações que apresentam prejuízos na fonologia segmental e suprassegmental (Schaadt; Männel, 2019).

Indubitavelmente, os transtornos fonológicos têm origem em falhas na **percepção e processamento fonológico**, que também são apontadas como sinais de risco para a dislexia.

Ortiz *et al.* (2014) compararam pré-escolares com e sem risco para a dislexia em um conjunto de tarefas que avaliavam a percepção auditiva e visual, com estímulos linguísticos e não linguísticos. As crianças foram classificadas em risco por terem apresentado um baixo desempenho em consciência fonológica e nomeação seriada rápida, quando comparadas as crianças sem risco. Os autores verificaram que as crianças em risco para a dislexia apresentavam déficits no processamento auditivo temporal e também na percepção visual, desde a etapa pré-escolar.

A **nomeação de letras** também tem sido apontada como um importante preditor das dificuldades de leitura e escrita. Justi, Cunha e Justi (2020), por exemplo, avaliaram o risco de dificuldade de leitura e escrita no Ensino Fundamental em crianças brasileiras a partir do conhecimento do nome das letras na série final da Educação Infantil.

Para tanto, tarefas de reconhecimento de letras foram aplicadas a pré-escolares no último ano da Educação Infantil e provas de leitura e escrita foram aplicadas quando estas crianças chegaram no 1.º ano do Ensino Fundamental. Os resultados mostraram que o reconhecimento de letras pode ser utilizado como medida para rastrear crianças com dificuldades de aprendizagem nesta etapa da escolarização. Os autores argumentam que esses achados reforçam os encontrados em outros estudos, conduzidos em países com diferentes línguas.

De modo semelhante a **nomeação seriada rápida** (NSR) também tem sido apontada como importante habilidade capaz de predizer a aprendizagem da leitura e escrita. Tarefas de NSR requerem que os indivíduos nomeiem, em voz alta, da forma mais correta e rápida quanto possível, um conjunto de estímulos visuais, dispostos em série em um cartão. Enquanto o indivíduo realiza a tarefa, são registrados tanto o tempo decorrido entre a nomeação do primeiro ao último estímulo, bem como os erros cometidos durante esse processo.

Justi e Cunha (2016), por exemplo, analisaram a precisão de medidas de Nomeação Seriada Rápida para a identificação de estudantes em risco para dificuldades de leitura. Duzentas e treze crianças realizaram as tarefas de NSR quando estavam na Educação Infantil e, dessas, 174 realizaram uma tarefa de leitura quando estavam no 1.º ano do Ensino Fundamental. Análises estatísticas indicaram que as medidas de NSR (objetos, cores, números e letras) foram razoáveis para identificar o risco/não risco de dificuldade de leitura, sendo a NSR de números a medida com melhores índices de sensibilidade e especificidade. Tais resultados também corroboraram outros estudos conduzidos com escolares de outras nacionalidades.

Do conjunto dessas evidências, pode-se inferir que todas essas habilidades cognitivo-linguísticas podem e devem ser utilizadas como medida para a identificação do risco para o transtorno desde a etapa da Educação Infantil. Contudo, a escassez de testes e instrumentos padronizados para avaliar esse público tem sido um elemento limitador para as pesquisas na área.

INSTRUMENTOS PADRONIZADOS PARA RASTREIO DE PRÉ-ESCOLARES EM RISCO.

Como visto, é possível afirmar que os benefícios da identificação precoce dos transtornos de aprendizagem são incontestáveis. Contudo, a disponibilidade de testes de rastreio padronizados no Brasil ainda é bastante restrita, especialmente no que se refere à identificação de alterações em habilidades consideradas pré-requisitos para a aquisição da leitura e da escrita.

No Brasil, um estudo buscou traduzir e adaptar o *Dyslexia Early Screening Test – Second Edition* (DEST-2), além de verificar sua aplicabilidade e eficácia em pré-escolares, com idades entre 4:6 e 6:5 anos, falantes nativos do português brasileiro. O instrumento é composto por 12 provas que investigam habilidades preditoras da aprendizagem da leitura e escrita, ou seja, habilidades que podem sinalizar alguns problemas, antes mesmo que as crianças apresentem déficit na aprendizagem (Matta; Befi-Lopes, 2015). Os resultados obtidos sugeriram que a versão traduzida pelo DEST-2 pode ser capaz de identificar precocemente pré-escolares em risco para a dislexia, antes que elas apresentassem dificuldades no processo de alfabetização propriamente dito.

Queiroga e Capellini (2020), em um estudo que teve por objetivo avaliar o desempenho cognitivo-linguístico de pré-escolares brasileiros, inicialmente realizaram uma busca por um instrumento já validado no país para a avaliação de tais habilidades em pré-escolares. Como este instrumento não foi encontrado, as autoras decidiram adaptar, para uso na Educação Infantil, um instrumento publicado para o Ensino Fundamental: O Protocolo de Identificação Precoce dos Problemas de Leitura - IPPL (Capellini; Cerqueira Cesar; Germano, 2018).

De acordo com as autoras, foram realizados estudos pilotos, até que se chegou à versão adaptada. Em linhas gerais, a adaptação do instrumento envolveu ajustes nas instruções das provas, inclusões de novos itens de treinamento, uso de material concreto para apoio em algumas provas, exclusão ou modificações de provas que envolviam análises e manipulações fonêmicas, além da exclusão de uma prova de leitura de palavras e pseudopalavras, o que culminou em um instrumento contendo as seguintes provas: conhecimento do alfabeto (vogais e consoantes), habilidades metafonológicas (produção de rima, identificação de rima, segmentação silábica, produção de palavras a partir de sílabas iniciais, síntese silábica, identificação de sílaba inicial), memória operacional fonológica, nomeação automática rápida, leitura silenciosa de palavras (escolher entre três palavras a que representa uma figura) e compreensão auditiva de sentenças a partir de figuras (Queiroga; Capellini, 2020). As autoras concluem que o instrumento adaptado foi eficaz para identificar escolares em risco na etapa pré-escolar, contudo reconhecem que o seu uso precisa ser ampliado e testado em novos desenhos de estudo.

INTERVENÇÃO EDUCACIONAL PRECOCE PARA PRÉ-ESCOLARES EM RISCO PARA A DISLEXIA

Propor programas de intervenção precoce na pré-escola é algo ainda controverso no Brasil, visto que ainda existe muita divergência em relação ao que deve ser ensinado nesta etapa da Educação Infantil.

A esse respeito, Sargiani e Maluf (2018) destacam que existe um consenso entre os especialistas em Educação Infantil em relação à adoção de práticas que favoreçam o desenvolvimento da linguagem oral nessa etapa do ensino, mas o mesmo não ocorre em relação ao ensino explícito da linguagem escrita, ou mesmo de suas habilidades preditivas. Os autores destacam que as posições contrárias ao trabalho com as habilidades precursoras da aprendizagem da leitura e escrita, como as habilidades metalinguísticas, desconsideram os avanços da ciência na área da interface entre cognição e linguagem, que mostram a importância do estímulo de tais habilidades como forma de preparar o aprendiz para os desafios da escolarização posterior.

A própria Base Nacional Comum Curricular – BNCC (Brasil, 2020) não toma partido dessa discussão mais específica, ao destacar que na Educação Infantil as aprendizagens e o desenvolvimento da criança devem ter como eixos estruturantes as interações e brincadeiras, e a organização do currículo de se basear em cinco campos mais gerais de experiências: 1) O eu, o outro e o nós; 2) Corpo, gestos e movimentos; 3) Traços, sons, cores e formas; 4) Escuta, fala, pensamento e imaginação; 5) Espaços, tempos, quantidades, relações e transformações.

Por outro lado, a maioria dos estudos com escolares em risco para a dislexia tem focado nas Anos Iniciais do Ensino Fundamental.

Fadini e Capellini (2011), por exemplo, realizaram um estudo com o objetivo de identificar sinais de risco para a dislexia em escolares com idades entre 6 e 7 anos e verificar a eficácia de um programa de treinamento fonológico. As autoras concluíram que o programa de treinamento foi eficaz visto que a maioria das crianças em risco avançaram nas habilidades fonológicas e na leitura na pós-testagem.

De modo semelhante, Silva e Capellini (2017) realizaram um estudo com o objetivo de verificar se tarefas de base fonológica poderiam favorecer o desempenho de escolares em processo inicial de alfabetização. Para tanto, as autoras avaliaram o desempenho de escolares do 1.º ano do Ensino Fundamental, divididos em dois grupos, com e sem risco para a dislexia, por meio de um instrumento de avaliação de habilidades cognitivo-linguísticas e realizaram uma intervenção fonológica composta por tarefas que exploravam as relações grafemas/fonemas do alfabeto em sequência e em ordem aleatória, rima, identificação e manipulação de palavras, identificação e produção de sílabas, segmentação e análise silábica, identificação e segmentação fonêmica, substituição, síntese, análise e discriminação fonêmica. Os resultados revelaram que os escolares ambos os grupos, com e sem risco, apresentaram desempenho estatisticamente superior na pós-testagem comparado ao desempenho obtido na pré-testagem.

Um outro estudo, Queiroga e Capellini (2020), destaca-se, nesse sentido, por ter o objetivo de verificar a eficácia de um programa de intervenção voltado ao desenvolvimento de habilidades cognitivo-linguísticas em pré-escolares. O estudo de intervenção, com delineamento longitudinal foi realizado com 90 pré-escolares de quatro turmas do último ano da Educação Infantil de escola pública municipal. Todas as crianças foram avaliadas antes e após intervenção por meio do IPPL (Capellini; Cerqueira Cesar; Germano, 2018), na versão adaptada para a Educação Infantil. Duas turmas receberam 8 sessões coletivas de intervenção voltadas ao desenvolvimento de habilidades cognitivo-linguísticas, durante dois meses, e compuseram o grupo caso. Duas outras turmas compuseram o grupo controle, sendo que uma professora de uma das turmas que recebeu a intervenção direta também lecionava para uma turma controle. Como resultados, as autoras observaram mudanças significativas no desempenho dos pré-escolares que receberam a intervenção direta, assim como da turma controle que recebeu a intervenção indiretamente, por sua professora. As autoras concluíram que o programa desenvolvido se mostrou eficaz para promover o desenvolvimento de habilidades cognitivo-linguísticas em pré-escolares, reforçando a importância da utilização de avaliação e intervenção educacionais baseadas em evidências científicas também para esse público-alvo.

É importante salientar que o trabalho com programas e intervenções estruturados, baseados em resultados de pesquisas científicas, não necessariamente se opõem à ideia apresentada na BNCC (Brasil, 2020) de que as interações e brincadeiras devem ser os eixos estruturantes da Educação Infantil. Muito pelo contrário, os cientistas têm cada vez mais se preocupado em criar ferramentas lúdicas, que sejam interessantes e motivadoras para esse público.

Nesta perspectiva, o uso de ferramentas tecnológicas tem sido cada vez recomendado como forma de tornar a aprendizagem mais interessante e lúdica. Gaggi *et al.* (2017), por exemplo, desenvolveram um conjunto de games com o objetivo de identificar pré-escolares em risco para a dislexia, bem como para promover o desenvolvimento de habilidades cognitivo-linguísticas junto a esse público. Sabe-se que depois da pandemia, que assolou o mundo em 2020, será cada vez mais necessária a incorporação de ferramentas desse tipo na Educação Infantil.

Sabe-se que as dificuldades da criança disléxica são persistentes e as respostas às intervenções educacionais e clínicas são lentas. Porém, o quanto antes essas intervenções sejam iniciadas, certamente a criança terá mais facilidade para superar suas dificuldades e aprender a ler e escrever. Assim, a dislexia não representa em si uma impossibilidade de sucesso acadêmico, desde que a criança tenha boas oportunidades para se desenvolver e isso inclui o aceso à uma boa Educação Infantil.

CONSIDERAÇÕES FINAIS

A maioria dos estudos voltados à investigação da identificação precoce das crianças em risco para a dislexia e outros transtornos da aprendizagem buscam realizar a identificação em escolares do primeiro ano do ciclo de alfabetização. Contudo, o conjunto de evidências apresentadas no presente capítulo destacam a importância de se antecipar ainda mais o período dessa identificação, buscando trabalhar com crianças em fase pré-escolar, ratificando a ideia de que a Educação Infantil será crucial para o sucesso de toda a escolarização posterior do educando.

Embora ainda não seja possível realizar o diagnostico em si na etapa pré-escolar, é muito importante que os professores e equipe pedagógica (psicopedagogo, psicólogo e fonoaudiólogo educacionais) conheçam os sinais e sintomas de crianças em risco para a dislexia (e também para outros transtornos específicos da aprendizagem), a fim de propor estratégias de ensino mais adequadas para essas crianças, de modo a evitar o agravamento de todos os problemas escolares e emocionais que decorrem de uma dislexia não identificada e manejada adequadamente na escola.

No Brasil, esta identificação e intervenção precoces tornam-se ainda mais relevantes, tendo em vista o significativo número de crianças que apresentam baixo rendimento escolar, como mostram todos os indicadores nacionais e internacionais de qualidade da educação. Evidentemente, esse baixo rendimento não é decorrente apenas dos transtornos funcionais específicos da aprendizagem, como a dislexia, uma vez que diversos fatores concorrem para explicá-lo. Dentre esses fatores, é possível destacar as enormes desigualdades de oportunidades socioeducacionais e de literacia familiar que também poderiam ser minimizadas mediante a identificação e intervenção precoces. Logo, o trabalho sistematizado na Educação Infantil, voltado ao desenvolvimento de habilidades cognitivo-linguísticas precursoras da aprendizagem da leitura e escrita, não seria relevante apenas para as crianças disléxicas, mas sim para todas as crianças.

REFERÊNCIAS

BRASIL. Ministério da Educação. Base Nacional Comum Curricular. Brasília, 2020.

CAPELLINI, S. A.; CERQUEIRA CESAR, A. B. P.; GERMANO, G. D. Protocolo de Identificação Precoce dos Problemas de Leitura – IPPL. Ribeirão Preto: Booktoy, 2018.

CATTS, H. W.; CHAN, Y. Identificaçao precoce da dislexia. *In:* ALVES, L. M.; MOUSINHO, R.; CAPELLINI, S. A. (org.). Dislexia: novos temas, novas perspectivas. Rio de Janeiro: Wak, 2011. p. 55-70.

DILNOT, J.; HAMILTON, L.; MAUGHAN, B.; SNOWLING, M. J. Child and environmental risk factors predicting readiness for learning in children at high risk of dyslexia. Development and Psychopathology, v. 29, n. 1, p. 235–244, 2017. DOI: https://doi.org/10.1017/S0954579416000134

GAGGI, O.; PALAZZI, C. E.; CIMAN, M.; GALIAZZO, G.; FRANCESCHINI, S.; RUFFINO, M.; GORI, S.; FACOETTI, A. Serious Games for Early Identification of Developmental Dyslexia. Computers in Entertainment, v. 15, n. 2, p. 1-25, 2017.

JUSTI, C. N. G.; CUNHA, N. Tarefas de nomeação seriada rápida: Rastreando a dificuldade de leitura. Psicologia: Teoria e Pesquisa, v. 32, n. 4, p. 1–9, 2016. DOI: https://doi.org/10.1590/0102.3772e32425.

JUSTI, C. N. G.; CUNHA, N.; JUSTI, F. R. R. Letter-name knowledge: Predicting reading and writing difficulties [Conhecimento do nome das letras: Predizendo dificuldades de leitura e de escrita]. Estudos de Psicologia, Campinas, v. 37, p. 1–14, 2020. Retrieved from https://www.scopus.com/inward/ record.uri?eid=2-s2.0-85076305213&doi= 10.1590%2F1982-0275202037 e180173&partnerID=40&md5=c0b53bc1881a39e1f8dfa1885425ae17

MATTA, T. R. G.; BEFI-LOPES, D. M. Brazilian portuguese adaptation of dyslexia early screening test - second edition: Preliminary findings. Codas, v. 27, n. 3, p. 301–303, 2015. DOI: https://doi.org/10.1590/2317-1782/20152014191.

NASH, H. M.; HULME, C.; GOOCH, D.; SNOWLING, M. J. Preschool language profiles of children at family risk of dyslexia: Continuities with specific language impairment. Journal of Child Psychology and Psychiatry and Allied Disciplines, v. 54, n. 9, p. 958–968, 2013. DOI: https://doi.org/10.1111/jcpp.12091.

ORTIZ, R.; ESTÉVEZ, A.; MUÑETON, M.; DOMÍNGUEZ, C. Visual and auditory perception in preschool children at risk for dyslexia. Research in Developmental Disabilities, v. 35, p. 2673-2680, 2014. DOI: https://doi.org/10.1016/j.ridd.2014.07.007.

QUEIROGA, B. A. M.; CAPELLINI, S. A. Relatório Técnico Final de Estágio de Pós Doutorado Senior. Brasília, 2020. CNPq (não publicado).

SARGIANI, R. A.; MALUF, M. R. Linguagem, Cognição e Educação Infantil: Contribuições da Psicologia Cognitiva e das Neurociências. Psicologia Escolar e Educacional, v. 22, n. 3, p. 477–484, 2018. DOI: https://doi.org/10.1590/2175-35392018033777

SCHAADT, G.; MÄNNEL, C. Phonemes, words, and phrases: Tracking phonological processing in pre-schoolers developing dyslexia. Clinical Neurophysiology, v. 130, n. 8, p. 1329-1341, 2019. DOI: https://doi.org/10.1016/j.clinph.2019.05.018.

SNOWLING, M.; DAWES, P.; NASH, H.; HULME, C. Validity of a protocol for adult self-report of dyslexia and related difficulties. Dyslexia, v. 18, n. 1, p. 1–15, 2012. DOI: https://doi.org/10.1002/dys.1432

SNOWLING, M. J.; NASH, H. M.; GOOCH, D. C.; HAYIOU-THOMAS, M. E.; HULME, C. Developmental Outcomes for Children at High Risk of Dyslexia and Children With Developmental Language Disorder. Child Development, v. 90, n. 5, e548-e564, 2019. DOI: https://doi.org/10.1111/cdev.13216.

TUTORIA INSTRUCIONAL PARA PROFESSORES NA INTERVENÇÃO PRECOCE PARA ALUNOS DE RISCO PARA DISLEXIA

Andréa Carla Machado

Simone Aparecida Capellini

A dislexia é um transtorno da leitura que se revela durante a fase de aprendizagem (dislexia do desenvolvimento, enfatizada neste capítulo), caracteriza-se pela inabilidade em identificar a forma correspondente a uma sequência legível de letras, fazendo parte do léxico da língua materna. Para além desta característica básica, a dislexia pode manifestar-se de maneiras muito diferentes na variabilidade de apresentação em subtipos: fonológico, visual e misto (Germano, 2021).

Reconhecê-la oficialmente implica tomar decisões e medidas necessárias para a sua identificação e avaliação precoce e do acompanhamento pedagógico destinado a diminuir os seus efeitos, o que é possível quando há planejamento e sistematização da instituição escolar. Sendo assim, o conjunto de indicadores preditivos em crianças no curso do desenvolvimento norteará as necessidades interventivas.

O objetivo desse capítulo está direcionado a apresentar a tutoria instrucional como ferramenta inclusiva para auxiliar na intervenção precoce destinada a escolares de risco para dislexia. Sobremaneira, o modelo do enriquecimento curricular como sugestão para prática do professor em sala de aula.

A Educação Infantil é considerada a primeira etapa da Educação Básica (título V, capítulo II, seção II, art. 29), tendo como finalidade o desenvolvimento integral da criança até seis anos de idade. Considerando-se as especificidades afetivas, emocionais, sociais e cognitivas das crianças de zero a seis anos, a qualidade das experiências oferecidas pode contribuir para o exercício da cidadania e seu pleno desenvolvimento (Brasil, 2001a).

Considerando e respeitando a pluralidade e diversidade da sociedade brasileira e das diversas propostas curriculares de Educação Infantil existentes, tornam-se imperativas a elaboração e a implementação de programas e currículos condizentes com suas realidades e singularidades visando favorecer o diálogo com propostas que se constroem no cotidiano das instituições, sejam creches e pré-escolas.

Nessa direção, a educação e os cuidados na infância são amplamente reconhecidos como fatores fundamentais do desenvolvimento global da criança, o que coloca para os sistemas de ensino o desafio de organizar projetos pedagógicos que promovam a inclusão de todas as crianças. A Lei de Diretrizes e Bases da Educação Nacional impulsionou o desenvolvimento da educação e o compromisso com uma educação de qualidade, introduzindo um capítulo específico que orienta para o atendimento às necessidades educacionais especiais dos alunos, que deve ter início na Educação Infantil (Brasil, 2001a).

A inclusão escolar é um processo complexo que configura diferentes dimensões: ideológica, sociocultural, política e econômica. Os determinantes relacionais comportam as interações, os sentimentos, significados, as necessidades e ações práticas; já os determinantes materiais e econômicos viabilizam a reestruturação da escola (Bee, 2003).

Assim, um projeto pedagógico para a diversidade se constitui em um grande desafio para o sistema educativo como um todo, que deve pensar a aprendizagem não apenas na dimensão individual, mas de forma coletiva.

Para tanto, propostas de identificação precoce na Educação Infantil são necessárias, pois seria nessa fase que se desenvolvem as bases necessárias para a construção do conhecimento e desenvolvimento global do aluno. Nessa etapa, o acesso às formas diferenciadas de comunicação, a riqueza de estímulos nos aspectos físicos, emocionais, cognitivos, psicomotores e sociais e a convivência com as diferenças favorecem as relações interpessoais, o respeito e a valorização da criança (Bee, 2003; Brasil, 2001b; Brasil, 2008; Vail; Elmore, 2011).

Assim, estudos realizados por vários pesquisadores (Fundação Maria Celília Souto Vidigal, 2010) revelaram que atividade que envolvam funções tais como cognição e funções executivas nos primeiros anos de desenvolvimento, por exemplo, constituem importância singular nas propostas de identificação precoce.

Os novos conhecimentos obtidos em pesquisas sobre Neurociências estão proporcionando evidências (Xiang; Schweinhart, 2002) determinantes sobre como o impacto de programas precoces na infância podem afetar de maneira positiva a saúde, comportamento e a aprendizagem do indivíduo ao longo de toda a sua vida, pois como já mencionado, nos primeiros anos de vida devem ser abertas janelas de oportunidades para que a criança aprenda determinados tipos de aprendizagem, que se não forem adquiridas neste período, se tornam difíceis, quando não impossíveis, de serem adquiridas mais tarde (Mendes, 2010; Sandall; Schwartz, 2012). No caso específico das crianças de risco para o desenvolvimento, a identificação precoce se configura um dos melhores meios para auxiliar no seu desenvolvimento.

Nessa perspectiva, a maioria das identificações com crianças pequenas devem ser feitas durante rotinas e atividades que ofereçam sistematicidade diante do ensino, constata-se que ocorrem aprendizagem e desenvolvimento por meio da participação em ambientes apropriados e enriquecidos e esse tem sido um dos principais argumentos utilizados para apoiar protocolos preventivos e inclusivos com recursos de instrução direcionada a partir da Educação Infantil.

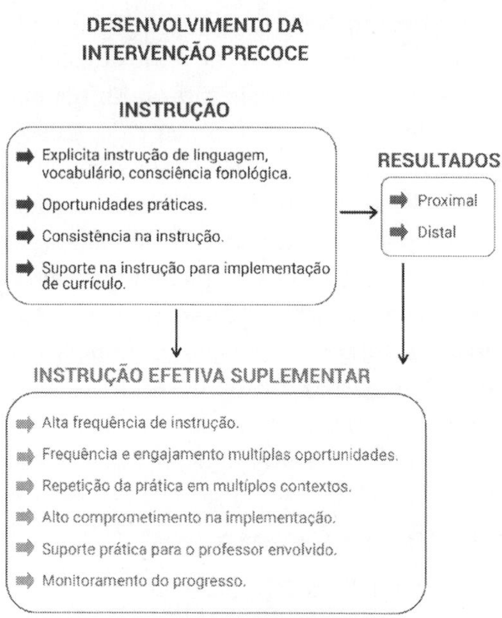

Figura 1 – Esquema relacionado a intervenção precoce

Fonte: Elaborada pelas autoras.

Diante disso, a compreensão sobre o recurso da tutoria é essencial para promover a oportunidade de serviços que vêm ao encontro da inclusão escolar. Nos últimos anos, a maioria das discussões na literatura internacional sobre a prevenção precoce de dificuldades acadêmicas tem se concentrado em sistemas de prevenção de vários níveis (Vaughn; Fuchs, 2003). No sistema de prevenção multicamadas mais comuns, a educação geral constitui a prevenção primária. Os alunos que não respondem à educação geral, ou ao programa básico "universal", entram na prevenção secundária. Os alunos que respondem mal à tutoria preventiva secundária tornam-se então candidatos à intervenção terciária. A intervenção terciária é uma forma ainda mais intensiva de instrução que normalmente envolve programação individualizada desenvolvida, indutivamente, por meio do monitoramento contínuo do progresso do aluno.

A maioria das pesquisas sobre sistemas de prevenção multicamadas tem se concentrado na leitura (Vaughn; Fuchs, 2003; Vellutino *et al.*, 1996) na sua clássica e referenciada pesquisa da década de 90 proporcionou 16 semanas de aulas diárias para crianças do jardim de infância e da primeira série com sinais precoce de dificuldade. Os pesquisadores estimaram o crescimento da leitura de cada criança e, a partir daí, classificaram as crianças por grau de responsividade, mostrando que a tutoria preventiva beneficiou substancialmente muitos alunos. Este estudo clássico da literatura, juntamente com outros trabalhos (Al Otaiba; Fuchs, 2006; Mcmaster *et al.*, 2005), ilustra como os tutoria instrucional e preventiva em leitura pode melhorar os resultados dos alunos e reduzir a probabilidade de dificuldade de leitura.

Assim, a tutoria pode ser entendida e apoiada por nossos documentos nacionais como um serviço suplementar e apoio pedagógico que pode ser oferecido na escolar direcionando sua escolha como um aporte para inclusão escolar. A instrução diferenciada caracteriza-se como uma sequência de passos que pode ser desenvolvida para auxiliar o ensino de um determinado conteúdo, para criança de risco para dislexia, especificamente, apresentado neste capítulo.

TUTORIA INSTRUCIONAL COMO PROPOSTA PARA PROFESSORES

Ao longo das décadas em que o campo tem trabalhado para esclarecer os procedimentos de ensino, uma série de diretrizes gerais foram desenvolvidas na literatura internacional. Applebee e Langer - na década de 80 - identificaram cinco recursos necessários para estruturar a compreensão dos alunos diante de uma instrução relacionada a um contéudo. Ao considerar cada um deles, observa-se o quanto eles têm em comum com a instrução diferenciada (Tomlinson; Mctighe, 2006) e o enriquecimento curricular que será mais adiante apresentado. Recursos, a saber:

1. *Intencionalidade:* A tarefa tem um objetivo geral claro, conduzindo qualquer atividade que possa contribuir para o todo.
2. *Adequação*: Tarefas instrucionais apresentam problemas que podem ser resolvidos com ajuda, mas que os alunos não conseguem completar por conta própria.
3. *Estrutura:* As atividades são estruturadas em torno de um modelo de abordagens apropriadas para a tarefa e levam uma sequência natural de pensamento e linguagem.
4. *Colaboração:* A resposta do professor ao trabalho do aluno reformula e expande os esforços dos alunos sem rejeitar o que eles realizaram por conta própria. O papel principal do professor é colaborativo e não avaliativo.
5. *Internalização:* a estrutura externa para a atividade é gradualmente retirada à medida que os padrões são internalizados pelos alunos (Fisher; Frey, 2014).

Essas cinco diretrizes, embora úteis, podem ser uma descrição de um bom ensino em geral. Obviamente, ter essas diretrizes em mente pode ajudar o professor ao planejar a instrução para os alunos e prestar atenção em como eles respondem a essa instrução direcionada.

Hogan e Pressley (1997) revisaram e identificaram oito elementos essenciais da instrução estruturada. Embora os elementos não sejam apresentados em uma ordem específica, os professores podem usá-los como diretrizes gerais no planejamento e implementação instrucional (O'Connor *et al.*, 2002):

- Envolva previamente o aluno e o currículo: o professor considera os objetivos do currículo e as necessidades dos alunos para selecionar as tarefas adequadas.
- Estabeleça uma meta comum: os alunos podem ficar mais motivados e inseridos no processo de ensino-aprendizagem

quando o professor trabalha com cada aluno para planejar as metas de ensino.

- Diagnostique ativamente as necessidades e entendimentos dos alunos: O professor deve ter conhecimento do conteúdo e ser sensível aos alunos (por exemplo, ciente do conhecimento prévio e equívocos dos alunos) para determinar se eles estão fazendo progresso.
- Forneça assistência personalizada: isso pode incluir sugestões, questionamentos, modelagem, apontamentos. O professor usa essas técnicas conforme necessário e as ajusta para atender as necessidades dos alunos.

Mantenha a busca pela meta: o professor pode fazer perguntas e solicitar esclarecimentos, bem como oferecer elogios e incentivos para ajudar os alunos a permanecerem focados em seus objetivos.

Dê retorno: para ajudar os alunos a aprenderem a monitorar seu próprio progresso, o professor pode resumir o progresso atual e observar explicitamente os comportamentos que contribuem para o sucesso de cada aluno.

Controle a frustração e o risco: o professor pode criar um ambiente no qual os alunos se sintam livres para correr riscos com a aprendizagem, incentivando-os a tentar alternativas.

Auxilie na internalização, independência e generalização para outros contextos: isso significa que o professor ajuda os alunos a serem menos dependentes dos sinais extrínsecos do professor para iniciar ou concluir uma tarefa e também fornece a oportunidade de praticar a tarefa em uma variedade de contextos, ou seja, oportuniza estratégias.

A INSTRUÇÃO DIFERENCIADA COMO SERVIÇOS DE APOIO PARA EDUCAÇÃO INCLUSIVA E PLANEJAMENTO EM SALA DE AULA.

A instrução diferenciada deve ter liberação gradual de responsabilidade a qual desloca, propositalmente, a instrução do professor como modelo para a responsabilidade conjunta do professor e do aluno, para a prática independente e a aplicação pelo aluno, posteriormente (Pearson; Gallagher, 1983). Estipula que o professor deixe de assumir "toda a responsabilidade pela execução de uma tarefa [...] para uma situação em que os alunos assumem toda a responsabilidade" (Pearson; Duke, 2002, p. 211).

Essa liberação gradual pode ocorrer ao longo de um dia, de uma semana, de um mês. Graves e Fitzgerald (2003, p. 98) observam que:

> [...] a instrução eficaz geralmente segue uma progressão em que os professores gradualmente fazem menos do trabalho e os alunos gradualmente assumem maior responsabilidade por seu aprendizado. É por meio desse processo de assumir gradativamente mais e mais responsabilidade por sua aprendizagem que os alunos se tornam alunos competentes e independentes

A liberação gradual da estrutura de responsabilidade, originalmente desenvolvida para o ensino de leitura, reflete a interseção de modelos colaborativos.

Em conjunto, esses modelos sugerem que a aprendizagem ocorra por meio de interações com outras pessoas; quando essas interações são intencionais, ocorre um aprendizado específico.

A maioria dos esforços atuais para implementar a estrutura de liberação gradual de responsabilidade perante a instrução limita essas interações às trocas de adultos e crianças: "Eu faço isso"; "nós fazemos isso juntos"; "você faz". Mas esse modelo de três fases omite um componente verdadeiramente vital: os alunos aprendem por meio da colaboração com seus colegas - a fase "faremos juntos". Embora a eficácia da aprendizagem entre pares tenha sido demonstrada com alunos de língua inglesa (Zhang; Stahl, 2011) alunos com necessidades educativas especiais necessitam (Grenier; Yeaton, 2005) de um modelo de implementação mais completo para a liberação gradual de responsabilidade no qual reconheça a natureza da aprendizagem fazendo com que os professores possam garantir o estabelecimento de objetivos e instrução direcionada, aprendizagem colaborativa e experiências independentes. Na Figura 2, mapeamos essas fases de aprendizagem, indicando a parcela de responsabilidade que alunos e professores têm em cada uma delas.

Dito isso, sugere-se que todas as aulas devam sempre começar com instrução focada (definição de metas e modelagem) antes de progredir para a instrução guiada, então para a aprendizagem colaborativa e, finalmente, para tarefas independentes (Grant *et al.*, 2012).

No entanto, os professores podem reordenar as fases - por exemplo, começar uma aula com uma tarefa independente, como uma escrita rápida, ou envolver os alunos em uma investigação colaborativa de pares antes de fornecer o modelo do professor. É importante e necessário para o aprendizado que os alunos vivenciem todas as quatro fases do aprendizado ao encontrarem novos conteúdos.

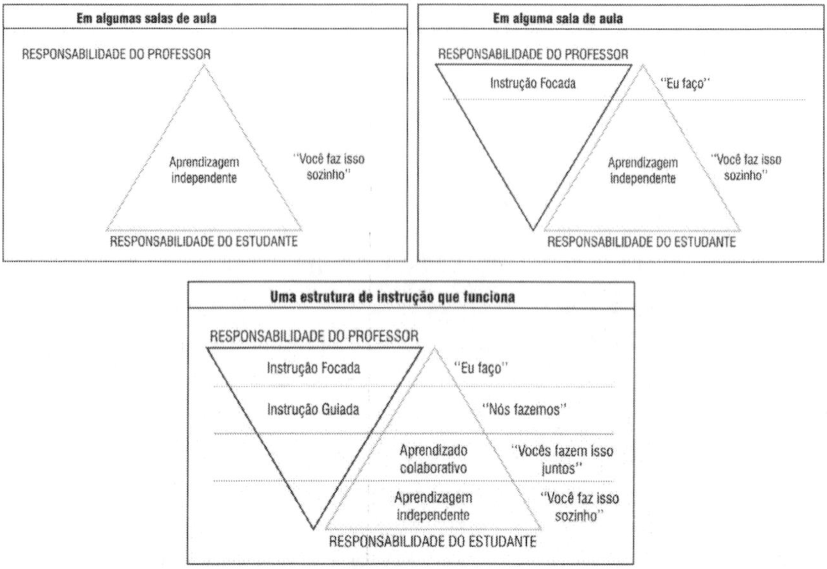

Figura 2 – Modelo de ordem de instrução

Fonte: Elaborada pelas autoras.

Assim, a instrução diferenciada é uma parte importante do desenho geral da aula. Esta fase inclui o estabelecimento de um objetivo claro para a aula. A fase de instrução de uma lição é quase sempre conduzida com grupos pequenos e objetivos que foram compostos com base em dados de avaliação diagnóstica ou formativa. Existem várias rotinas instrucionais que podem ser usadas durante a instrução. Porém, a chave para uma instrução eficaz é o planejamento. Sendo os componentes desse planejamento não são não ser aleatórios de alunos reunidos com o professor; os grupos consistem em alunos que compartilham uma necessidade educacional comum que o professor pode atender.

Dessa forma, a instrução direcionada é o momento ideal para diferenciar. Como observaram Tomlinson e Imbeau (2010), os professores podem diferenciar conteúdo, processo e produto. A instrução em pequenos grupos permite que os professores variem os materiais de instrução que usam, o nível de sugestões ou questionamentos para tomada de decisão, como pode ser visto na Figura 3 abaixo.

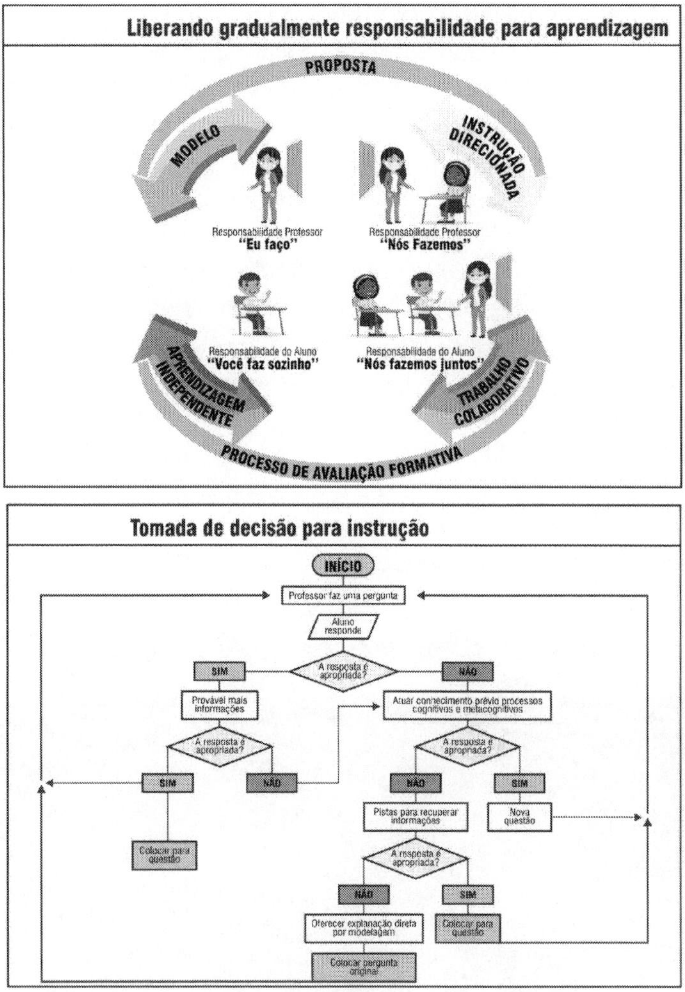

Figura 3 – Desenvolvimento da responsabilidade para aprendizagem e a tomada de decisão para instrução diferenciada

Fonte: Elaborado pelas autoras.

O MODELO DE ENRIQUECIMENTO CURRICULAR COMO SERVIÇO PARA ALUNOS COM NECESSIDADES EDUCACIONAIS ESPECIAIS.

A definição brasileira, apresentada na Política Nacional de Educação Especial na Perspectiva da Educação Inclusiva de 2008

(Brasil, 2008), caracterizou as dificuldades acentuadas de aprendizagem proporcionando a oportunidade de avançados em direção a variabilidade de instrução a qual circunda-se essencialmente para o desenvolvimento da aprendizagem do aluno que apresente tais dificuldades.

Nesse sentido, o modelo proposto por Renzulli relacionado ao conceito de altas habilidades torna-se flexível para a implementação e ajustes às necessidades quando se leva em conta as características individuais dos alunos devendo ser apontando para o apoio diferenciado.

Assim, Renzulli (2005) desenvolveu, como medida de intervenção a ser realizada no contexto escolar, o modelo de Enriquecimento Curricular Tipo I, Tipo II e Tipo III.

A proposta explicitada a seguir no "Modelo de Enriquecimento Escolar" de Renzulli é bastante flexível, o que viabiliza a sua adaptação a qualquer realidade escolar e sua aplicação em qualquer ano/série ou modalidade de ensino, independentemente do contexto social. Como pode ser visualizado na Figura 4.

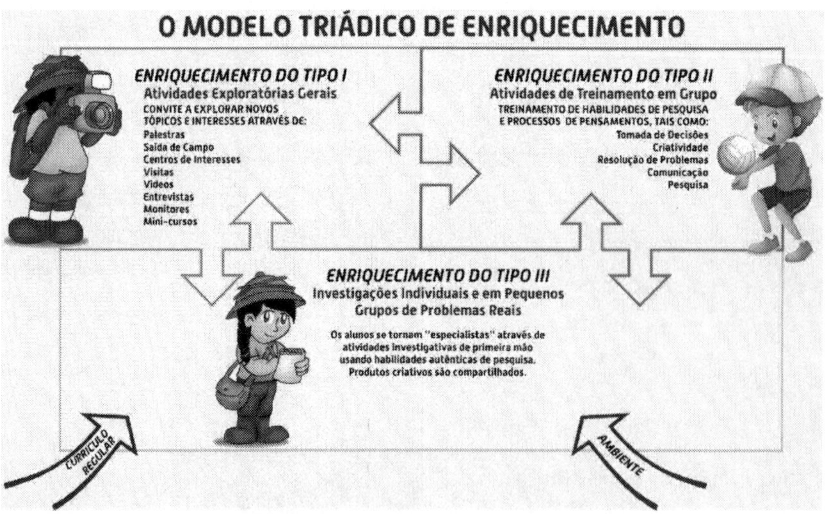

Figura 4 – Modelo de enriquecimento curricular de acordo com Renzulli

Fonte: Adaptado de Renzulli (1987).

Enriquecimento do Tipo I se inicia na sala de aula regular e implica em atividades destinadas a todos os alunos. Corresponde às atividades exploratórias, nas quais o aluno entra em contato com uma série de experiências e atividades para que se possam descobrir seus interesses e programar as atividades do Tipo II necessárias para alcançar as de Tipo III (Machado, Stoltz, 2018).

Enriquecimento do Tipo II: nesse tipo de enriquecimento serão oferecidos a todos os alunos métodos e materiais que visem à promoção de pensamentos que irão preparar os alunos para as atividades de Tipo III. Aqui são trabalhadas habilidades de como fazer determinadas atividades, propondo instrução direcionada.

O Enriquecimento Tipo III baseia-se nas ideias de um grupo de teorias escolhido composto por atividades que permitam aos alunos a investigação dentro de assuntos específicos.

Para que seja possível adotar este Modelo Triádico de Enriquecimento, a escola deve se organizar a fim de atender ao aluno. Para Renzulli (2005), o modelo não tem valor se não for compatível com a realidade prática, tais como a forma como as escolas trabalham, as formas de conhecer dos professores e as práticas, ou seja, uma escola direcionada à inclusão escolar.

CONSIDERAÇÕES FINAIS

A perspectiva da interdisciplinaridade no contexto da Educação é essencial para ações de promoção e garantia de investimento no processo de ensino e aprendizagem de uma instituição que tenha em seu cerne a inclusão escolar. Torna-se primordial proporcionar ambientes ricos e também considerar a compreensão das possíveis dificuldades que possam ocorrer no processo da escolarização dos seus alunos.

Dessa forma, compreender a natureza das dificuldades e habilidades do aluno desde a Educação Infantil é importante para a adequada instrução a que deve ser submetida. O sucesso das estratégias está diretamente relacionado ao planejamento sistemático, no qual a tutoria, a instrução direcionada e o modelo triádico de enriquecimento curricular podem corroborar na apropriação do professor quanto ao processo de ensino e aprendizagem respaldado em evidências científicas que fortalecerão a sua prática educacional.

REFERÊNCIAS

AL OTAIBA, S.; FUCHS, D. Who are the young children for whom best practices in reading are ineffective? An experimental and longitudinal study. **Journal of Learning Disabilities**, v. 39, n. 5; p. 414-431, 2006.

BEE, H. **A criança em Desenvolvimento**. Porto Alegre: Artmed, 2003.

BRASIL. **Diretrizes nacionais para a educação especial na Educação Básica**. Brasília: Ministério da Educação, 2001a.

BRASIL. **Política nacional de Educação Especial**. Diretrizes de Educação Infantil para a Educação Especial. Brasília: Ministério da Educação, 2001b.

BRASIL. Política Nacional de Educação Especial na perspectiva da Educação Inclusiva. MEC/SEESP, 2008.

FISHER, D.; FREY, N. **Checking for understanding**: Formative assessment techniques for your classroom. ASCD, 2014.

FUNDAÇÃO MARIA CELÍLIA SOUTO VIDIGAL. **Desenvolvimento da primeira e segunda infância da avaliação à ação**: uma prioridade para o crescimento e a equidade. Tradução: Magda Lopes. São Paulo, 2010.

GERMANO, G. D. Os subtipos de dislexia do desenvolvimento no contexto de pesquisa. *In:* MACHADO, A. C.; BELLO, S. F. **Transtorno de desenvolvimento**: evidências na pesquisa e na clínica. Jundiaí: Paco Editorial, 2021. p. 56-88.

GRANT, M.; LAPP, D.; FISHER, D.; JOHNSON, K.; FREY, N. Purposeful instruction: Mixing up the "I,"we," and "you". **Journal of Adolescent & Adult Literacy**, v. 56, n. 1, p. 45-55, 2012.

GRAVES, M. F.; FITZGERALD, J. Scaffolding reading experiences for multilingual classrooms. *In:* GARCIA, G. G. (ed.). **English learners**: Reaching the highest level of English literacy, 2003. p. 96-124.

GRENIER, M. B. D; YEATON, P. Cooperative learning that includes students with disabilities. **Journal of Physical Education**, Recreation & Dance, v. 76, n. 6; p. 29-35, 2005.

HOGAN, K. E.; PRESSLEY, M. E. **Scaffolding student learning**: Instructional approaches and issues. Brookline Books, 1997.

MACHADO, J. M.; STOLTZ, T. Aluno com altas habilidades/superdotação: um desafio ao professor. *In:* VIGOLIM, A. **Altas Habilidades/superdotação**: processos criativos, afetivos e desenvolvimento de potenciais. Editora Juruá, 2018. p. 261-270.

MCMASTER, K. L.; FUCHS, D.; FUCHS, L. S.; COMPTON, D. L. Responding to nonresponders: An experimental field trial of identification and intervention methods. **Exceptional children**, v. 71, n. 4; p. 445-463, 2005.

MENDES, E. G. **Inclusão marco zero**: começando pelas creches. Araraquara: Junqueira & Marin Editores, 2010.

O'CONNOR, R. E.; BELL, K. M.; HARTY, K. R.; LARKIN, L. K.; SACKOR, S. M.; ZIGMOND, N. Teaching reading to poor readers in the intermediate grades: A comparison of text difficulty. **Journal of Educational Psycholog**, v. 94, n. 3, p. 474, 2002.

PEARSON, P. D.; DUKE, N. K. Comprehension instruction in the primary grades. *In:* BLOCK, C. C.; PRESSLEY, M. (eds.). **Comprehension instruction**: Research-based best practices, 2002. P. 247-258.

PEARSON, P. D.; GALLAGHER, M. G. The instruction of reading comprehension. **Contemporary educational psychology**, v. 8, n. 3, p. 317-344, 1983.

RENZULLI, J. S. Applying gifted education pedagogy to total talent development for all students. **Theory into practice**, v. 44, n. 2, p. 80-89, 2005.

RENZULLI, J. S. The positive side of pull-out programs. **Journal for the Education of the Gifted**, v. 10, n. 4, p. 245-254, 1987.

SANDALL, S. R.; SCHWARTZ, I. S. **Building Blocks**: for teaching preschoolers with special needs. Baltmore: Paul. H. Brookes Publishing, 2012.

TOMLINSON, C. A.; IMBEAU, M. B. **Leading and managing a differentiated classroom**. ASCD, 2010.

TOMLINSON, C. A.; MCTIGHE, J. **Integrating differentiated instruction & understanding by design**: Connecting content and kids. ASCD, 2006.

VAIL, C. O.; ELMORE, S. R. Tips for Teachers for Selecting Toys to Facilitate Social Interaction. **NHSA Dialog: A Research-to-Practice Journal for the Early Intervention Field**, v. 14, n. 1, p. 37-40, 2011.

VAUGHN, S.; FUCHS, L. S. Redefining learning disabilities as inadequate response to instruction: The promise and potential problems. **Learning disabilities research & practice**, v. 18, n. 3, p. 137-146, 2003.

VELLUTINO, F. R.; SCANLON, D. M.; SIPAY, E. R.; SMALL, S. G.; PRATT, A.; CHEN, R.; DENCKLA, M. B. Cognitive profiles of difficult-to-remediate and readily remediated poor readers: Early intervention as a vehicle for distinguishing between cognitive and experiential deficits as basic causes of specific reading disability. **Journal of Educational Psychology**, v. 88, n. 4, p. 601-638, 1996.

XIANG, Z.; SCHWEINHART, I. L. **Effects five years later**: The Michigan school readiness program evaluation through age 10. Ypsilant, Mitch: High/Scope Press, 2002.

ZHANG, J.; STAHL, K. A. D. Collaborative reasoning: Language-rich discussions for English learners. **The Reading Teacher**, v. 65, n. 4, p. 257-260, 2011.

CONTRIBUIÇÃO DA PEDAGOGIA NA ADAPTAÇÃO CURRICULAR DE ESCOLARES COM DISLEXIA

Miryan Cristina Buzetti

O paradigma de inclusão escolar não se restringe somente a alunos com deficiência, Transtorno do Espectro Autista ou Altas Habilidades/superdotação. O direito a uma escola inclusiva de qualidade, que respeita e atende a todos os alunos, é constitucional. Sendo assim, práticas pedagógicas que favoreçam a aprendizagem de todos é fundamental, por isso, conhecer o processo de aprendizagem facilita tomadas de decisões e adaptações mais assertivas e favoráveis aos alunos.

CONTRIBUIÇÕES PARA UMA PRÁTICA PEDAGÓGICA INCLUSIVA

A escola é um ambiente que atende um público diversificado, multicultural com necessidades e objetivos diversos e é o ambiente direcionado para a aprendizagem que irá modificar a vida do aluno, por isso é necessário que essa mudança de comportamento causada pela aprendizagem chegue até a sociedade a fim de respeite e possibilite a participação de todos, valorizando o indivíduo e suas singularidades.

Tendo em vista a participação, o respeito e a valorização de todos no ambiente escolar, temos no Brasil, desde a década de 1990, diversos direcionamentos em relação à escola inclusiva. Mantoan (2003) destaca que o ponto mais relevante no conceito de inclusão escolar é que todos os alunos devem frequentar as salas de aula do ensino regular, independentemente de seu talento, deficiência, origem socioeconômica ou cultural.

A Lei de Diretrizes e Bases da Educação (Lei n.º 9394/96) (Brasil, 1996) destaca ao longo do documento a importância de práticas inclusivas no cotidiano escolar, bem como a realização de adaptações curriculares que possam auxiliar na aprendizagem e no desenvolvimento de alunos com alguma necessidade. De acordo com o Decreto n.º 10.502, publicado em 30 de setembro de 2020, a política educacional inclusiva é:

> [...] conjunto de medidas planejadas e implementadas com vistas a orientar as práticas necessárias para desenvolver, facilitar o desenvolvimento, supervisionar a efetividade e reorientar, sempre que necessário, as estratégias, os procedimentos, as ações, os recursos e os serviços que promovem a inclusão social, intelectual, profissional, política e os demais aspectos da vida humana, da cidadania e da cultura, o que envolve não apenas as demandas do educando, mas, igualmente, suas potencialidades, suas habilidades e seus talentos, e resulta em benefício para a sociedade como um todo (Brasil, 2020, p. 6).

Dessa maneira, seguindo as orientações do Ministério da Educação (MEC), a inclusão escolar busca oferecer possibilidades educacionais que atendam necessidades do aluno, através de adequações curriculares, oferecendo não um novo currículo, mas possibilidades pedagógicas adequadas. Para poder planejar e propor um currículo diferenciado, é importante que o professor compreenda que o processo de aprendizagem é possível dentro da sala de aula com propostas diversificadas de trabalho que busquem estimular o aluno, observando-o e monitorando-o ao longo da intervenção. De acordo com Glat, Pletsch e Fontes (2007), para que a inclusão de fato aconteça são necessários fundamentos teóricos, como também o olhar investigativo do professor no cotidiano, assim como uma constante formação e a busca por evidências científica.

Para Mantoan (2003, p. 28), "as crianças precisam da escola para aprender e não para marcar passo ou ser segregada em classes especiais e atendimentos à parte". Nessa perspectiva, é preciso promover a aprendizagem e o desenvolvimento pessoal de todos, por isso a prática docente precisa ser direcionada e adequada a todos. Dessa maneira,

> No momento em que o professor detiver o conhecimento dos instrumentos de ação para efetivar sua prática educativa e não só tiver o conhecimento, mas souber operacionalizar estes instrumentos em favor de seu alunado, passará então a ter liberdade de criação e direcionamento de sua prática embasada em uma teoria viva (Zanata, 2004, p. 9).

Para que tenhamos essa teoria viva e um currículo de fato acessível, é preciso investir em formação docente e no desenvolvimento de novos conhecimentos científicos sobre o processo de aprendizagem, considerando nos alunos pressupostos descritos abaixo:

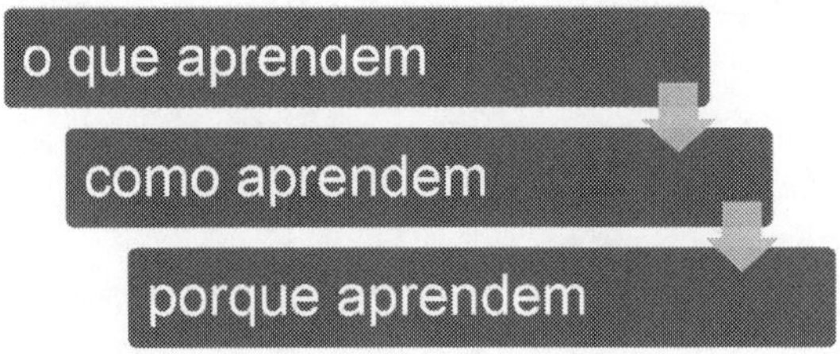

Figura 1 – Considerações Pedagógicas

Fonte: Elaborado pelo autor.

O professor, ao trabalhar com abordagens pedagógicas flexíveis, personalizadas e adequadas às necessidades do aluno, os envolve em situações de aprendizagem motivadoras e adequadas, caminhando para o que podemos chamar de Desenho Universal da Aprendizagem.

Na área educacional, o Desenho Universal busca um currículo apropriado para indivíduos com diferentes bagagens, estilos de aprendizagem e capacidades. Meyer, Rose e Gordon (2000) desenvolveram o conceito e enfatizam que o termo "universal" não se refere a uma solução para todos, mas indica a necessidade de acomodar as diferenças, articular o currículo e os objetivos pedagógicos, assim como o monitoramento e a avaliação da aprendizagem. Nelson (2013) reforça que no Desenho Universal da Aprendizagem é preciso considerar que:

- A aprendizagem está diretamente relacionada com aspectos biológicos e emocionais, além de sofrer interferência de questões como quantidade de sono, alimentação adequada, entre outros;
- Oferecimento aos alunos de experiências significativas que possibilitam explorar o conhecimento;
- Exploração de diferentes ambientes como pátio, biblioteca, espaços externos à escola;
- A aprendizagem deve ter sentido para o aluno, por isso fazer uma relação, interligar as informações com o que o aluno já conhece,

assim evitamos que aconteça somente a memorização e não a aprendizagem;

- Cada aluno é único no seu ritmo, estilo de aprendizagem e experiências.

Para visualizar melhor esse processo, Meyer, Rose e Gordon (2000) propõem a rede de aprendizagem, a qual se organiza em três partes:

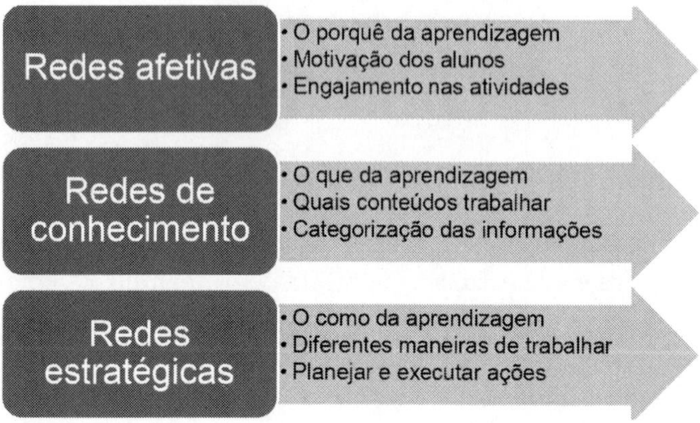

Figura 2 – Redes de Aprendizagem

Fonte: Meyer, Rose e Gordon (2000).

Através dessa rede de aprendizagem, é possível oferecer ao aluno diversas formas de engajamento, diferentes níveis de desafio, vários modos de representação, trabalhar com a autorregulação, ensinar novos conceitos a partir de exemplos reais/concretos, explorar o ensino colaborativo e a interação entre alunos-professores, além da sistematização do conteúdo como, por exemplo, mapas mentais. Seguindo a linha da rede de aprendizagem, Silva *et al.* (2013) reforçam a necessidade então de se pensar na diversidade do processo de aprendizagem, pois se não houver essa atenção, corre-se o risco de aumentar o número de alunos com baixo desempenho acadêmico. Para isso, é importante atentar-se aos:

Diante desses termos, é possível pensar em um ensino adequado para todos, que considere tanto conteúdo quanto abordagens e estratégias de ensino, com ajustes e flexibilizações. O professor poderá explorar diferentes recursos como, por exemplo, a tecnologia explorando vídeos, músicas, acesso a sites educativos ou aplicativos que favoreçam a interação e a exploração ampla do conteúdo. É possível pensar em diferentes estratégias de aula além da forma expositiva como atividade em grupo/dupla, seminários, aulas em laboratórios ou ambientes externos e organizar a sala de aula em estações de trabalho para dar mais autonomia aos alunos.

Para garantir a aprendizagem de todos, é fundamental pensar na diversificação curricular, para isso o professor precisa ter amplo conhecimento sobre o processo de aprendizagem e fazer uma avaliação que possibilite analisar as habilidades e dificuldades do aluno para então propor ajustes, flexibilizações e planejar o currículo.

ADAPTAÇÕES CURRICULARES PARA ESCOLARES COM DISLEXIA

As práticas pedagógicas na Educação Inclusiva incluem adaptações e flexibilizações, além de arranjos no espaço e tempo, uso de tecnologias, elaboração de recursos, trabalho individualizado em alguns casos, atenção ao currículo e avaliação. As avaliações externas – realizadas pelo MEC e o Programa Internacional de Avaliação de Estudantes (PISA) – demonstram que há muito a ser feito ainda no Brasil para que o ensino chegue, de fato, a todos os alunos, visto que num total de 70 países que fizeram parte do PISA, o Brasil ocupa a 63.ª posição (Brasil, 2015).

Esse desempenho é reflexo do grande número de alunos com baixo desempenho acadêmico, principalmente na rede pública de ensino. Rotta, Ohlweiler e Riesgo (2016) apontam que a não aprendizagem pode ser resultado de alguma falha intrínseca ou extrínseca. Afirmam que a falha extrínseca está relacionada com a dificuldade de aprendizagem causada por algum fator relacionado à escola, à família ou externo à criança, como condições físicas da sala de aula, metodologias de ensino, escolarização dos pais, condições socioeconômicas, alergia, desnutrição, entre outros. Já a falha intrínseca está relacionada a transtorno específico da aprendizagem, no qual acontece alguma alteração no Sistema Nervoso Central (SNC).

De acordo com o Manual Diagnóstico e Estatístico de Transtornos Mentais (DSM-V), nos transtornos específicos da aprendizagem os padrões normais de aquisição de habilidades estão perturbados desde os estágios iniciais do desenvolvimento. Dessa forma, o transtorno está presente desde os primeiros anos de vida, persiste ao longo dos anos apesar do desempenho nos atendimentos específicos. O DSM-V (APA, 2014) apresenta três tipos de transtornos específicos da aprendizagem: o transtorno da leitura, o transtorno da matemática e o transtorno da expressão escrita.

Seja na dificuldade de aprendizagem ou no transtorno específico da aprendizagem, o que o professor observa na prática em sala de aula é o baixo desempenho acadêmico desse aluno, refletindo em dificuldade de aprender e desenvolver certas habilidades. Para diminuir o número de alunos nessa situação e oferecer um ensino mais adequado à realidade deles, é preciso que o professor consiga identificar as características de cada situação, portanto:

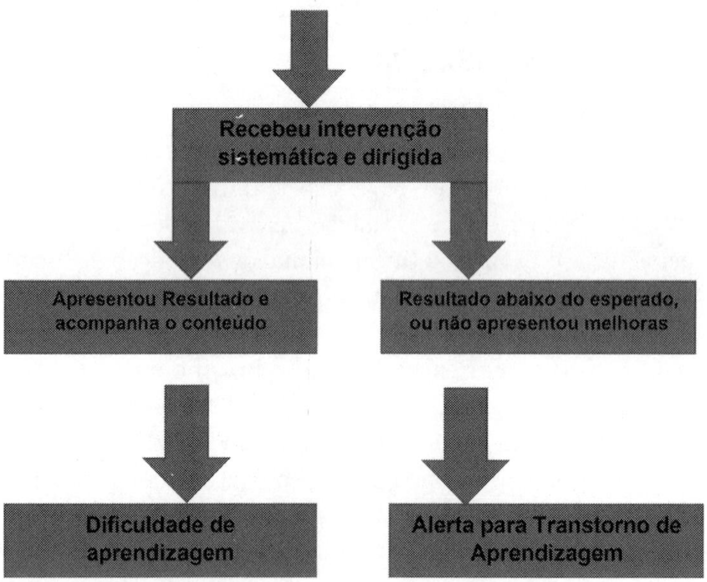

Figura 3 – Identificação de Aluno com Transtorno de Aprendizagem

Fonte: Rotta, Ohlweiler e Riesgo (2016) e Fonseca (2016).

É importante reconhecer que de acordo com Rotta, Ohlweiler e Riesgo (2016) e Fonseca (2016), a dificuldade de aprendizagem é pontual, acontecendo por fatores externos que quando adequados, o aluno consegue superar tal dificuldade e consequentemente o baixo desempenho acadêmico. Dessa maneira, oferecer um ensino direcionado à dificuldade do aluno, que consiga atender as suas necessidades é suficiente para que a aprendizagem aconteça, mas, se o aluno receber um ensino sistemático e mesmo após um período de intervenção pedagógica apresentar baixo desempenho em algumas habilidades, é um sinal de alerta para o transtorno de aprendizagem, sendo necessário então uma avaliação mais detalhada e específica e uma intervenção mais intensa em relação a estratégias, tempo e em alguns casos até individualmente.

Para auxiliar na avaliação do transtorno específico da aprendizagem, são apresentados no DSM-V (2014) especificadores. No caso do transtorno com prejuízo na leitura esses especificadores são:

- Precisão na leitura de palavras;
- Velocidade ou fluência da leitura;
- Compreensão da leitura.

Seguindo então a descrição do DSM-V (2014), na sala de aula o professor irá observar que alunos com dislexia apresentam dificuldade na ortografia; escrita com erros frequentes na gramática, pontuação, organização das ideias; leitura lenta ou como descrita por alguns professores como leitura silabada (na qual o aluno lê as palavras pausadamente) e dificuldade em atividades que envolvem a relação letra-som. Além desses fatores, a literatura aponta outros elementos que o professor poderá observar em sala de aula:

Confusão de letras com diferentes orientações espaciais p/d, p/q
Dificuldade em atividades de consciência fonológica
Prejuízos nas Funções Executivas
Problemas de conhecimento semântico
Inversões silábicas ou palavras
Supressão ou adição de letras ou de sílabas
Fragmentação incorreta (segmentação)
Dificuldade para entender o texto lido

Quadro 1 – Sinais para Dislexia em Sala de Aula

Fonte: Rotta, Ohlweiler e Riesgo (2016) e Salgado-Azoni e Pereira (2017).

Baseado nas principais dificuldades apresentadas pelos alunos com dislexia, recorrer a programas de remediação com base fonológica tem demonstrado resultados positivos. Capellini *et al.* (2017) demonstram que ao utilizar programas de remediação fonológica, há uma aceleração na aquisição da leitura, proporcionando a decodificação inicial. Ao utilizar programas de remediação fonológica em sala de aula, o professor poderá realizar atividades que envolvam:

- Identificação de fonema e grafema;
- Adição e subtração de fonema e/ou sílaba;
- Manipulação silábica e de fonema;
- Aliteração;
- Rima;
- Acesso ao léxico mental;
- Memória operacional fonológica;
- Atividades multissensoriais.

Para melhor desenvolver o trabalho em sala de aula, Zorzi (2017) aponta habilidades metalinguísticas, descrevendo algumas competências:

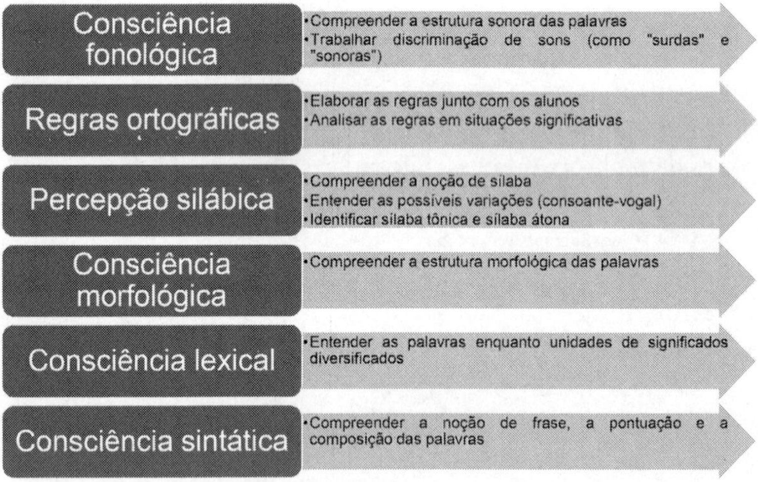

Figura 4 – Competências para o Trabalho com o Aluno com Dislexia
Fonte: Zorzi (2017).

Para melhorar trabalhar com essas competências em sala de aula, pequenas adaptações podem ser realizadas pelo professor para otimizar a aprendizagem do aluno, como:

- Simplificar as instruções;
- Destacar informações essenciais;
- Fornecer atividades adicionais adequadas para a necessidade do aluno;
- Bloquear estímulos desnecessários;
- Uso de tecnologia assistiva;
- Repetir as instruções sempre que necessário;
- Estabelecer uma rotina;
- Oferecer as instruções passo a passo;
- Combinar estímulos verbais com os visuais;
- Explorar diferentes recursos como, por exemplo, jogos;
- Recorrer sempre a estratégias como utilizar marca texto, sublinhar, fazer mapa de ideias, resumo e esquemas;
- Evitar cópia de textos longos;
- Oferecer ao aluno o texto impresso para cópia, quando necessário, ao invés da cópia do texto da lousa;
- Fortalecer as habilidades que o aluno domina, evitando expor o aluno em situações "vexatórias" como leitura em voz alta diante dos colegas da sala;
- Oferecer tempo adicional em atividades que requerem uma demanda maior do aluno, como interpretação de texto ou cópia;
- Oferecer ao aluno um roteiro de estudo ou de leitura para auxiliar e orientar o aluno na execução da atividade;
- Fazer revisão do conteúdo estudado anteriormente.

Essas ações são atitudes que o professor poderá executar em sala de aula que auxiliarão não somente o aluno com dislexia mas toda a turma. Procure ao longo da aula alternar a maneira de ensinar entre exposição, discussão, trabalho em grupo, síntese, jogos pedagógicos, pois isso auxilia a manter a atenção e participação do aluno, assim como o interesse. Outra atitude simples que poderá contribuir é colocar o aluno com dislexia sentado próximo à lousa ou ao professor, já que favorece o acompanhamento do professor e evita distratores ao longo da atividade.

É importante que o professor verifique sempre se o aluno está compreendendo a explicação e se suas anotações estão corretas a fim de que o aluno tenha material adequado para estudos futuros. Essa prática também irá auxiliar o aluno no momento dos estudos para as avaliações. A avaliação é uma prática fundamental no trabalho pedagógico, não somente pela necessidade do conceito, mas para analisar e acompanhar o desenvolvimento do aluno.

Em relação à avaliação para os alunos com dislexia, autores como Moojen e França (2016) apontam a necessidade de ser uma prática constante, não deixando acumular conteúdo no final do bimestre ou semestre. Além da avaliação frequente para acompanhar o desenvolvimento do aluno, as autoras reforçam a necessidade de oferecer tempo adicional para avaliação, sendo realizada em um local tranquilo evitando distratores e favorecendo a demanda da leitura do aluno. Além disso, a escola poderá oferecer pausas ao longo da avaliação para que o aluno possa retomar a atenção. Além do tempo adicional, outras práticas poderão favorecer a avaliação do aluno com dislexia:

- Oferecer a opção de avaliação oral, quando necessário;
- Fornecer a opção de escriba, para auxiliar na escrita das respostas;
- Redigir os enunciados de forma clara e objetiva;
- Formular as questões com um único assunto, evitando confusão nos conceitos;
- Ao fazer correções ortográficas pondere algumas situações, levando em consideração o plano de ensino individualizado;
- Explorar figuras, imagens, esquemas, que poderão auxiliar na compreensão do conteúdo e questão;
- Possibilitar consulta a dicionário;
- Oferecer consulta em algum material didático, se necessário;
- Ler os enunciado para e com o aluno.

Essas e outras práticas facilitarão o momento de avaliação, evitarão a tensão e avaliarão, de fato, o conhecimento do aluno. Além disso, é importante incentivar e valorizar o desempenho do aluno, mesmo que esse não seja o adequado para a série, levar em consideração a avaliação do aluno com ele mesmo, o quanto ele evoluiu após a intervenção pedagógica e principalmente quais objetivos ele conseguiu alcançar diante do Plano de Ensino Individualizado ou do plano de acesso ao currículo.

O Plano de Ensino Individualizado (PEI) visa estabelecer um plano de ação para o professor, que acompanha algum aluno com deficiência ou baixo desempenho acadêmico em seu processo educacional. É um documento, pois orienta toda a ação pedagógica, contém dados sobre o atual nível de desempenho do aluno, objetivos, metas instrucionais, procedimentos de avaliação entre outros aspectos relevantes. Além do PEI, o professor poderá utilizar outros recursos como portifólios ou *check-list* para acompanhar o desempenho do aluno.

CONSIDERAÇÕES FINAIS

A aquisição da leitura e da escrita é um processo complexo e fundamental para os anos subsequentes da escolarização. Dessa maneira, é fundamental que o professor conheça as habilidades preditoras para alfabetização, para que consiga, desde a Educação Infantil, monitorar o desempenho do aluno e levantar possíveis sinais para um transtorno específico da aprendizagem. Além disso, tendo o conhecimento do processo, é possível oferecer melhores oportunidades de aprendizagem aos estudantes e reduzir o número de alunos com baixo desempenho acadêmico.

Compreender a origem do baixo desempenho, sendo ele um transtorno ou uma dificuldade, é fundamental para adequar a prática pedagógica e a instrução à qual o aluno será submetido. Pensar e propor intervenções e ações pedagógicas é fundamental diante da escola inclusiva assim como valorizar e respeitar as necessidades de cada aluno. Para isso, a literatura e a legislação apontam alternativas, adaptações e flexibilizações que auxiliam e orientam o trabalho docente, mas, mais do que pensar em adaptações, é importante que o professor reflita e utilize práticas significativas e contextualizadas, que favoreçam a turma como um todo, saindo da "zona de conforto" de somente aulas expositivas e buscar alternativas como sala de aula invertida, aprendizagem baseada em problemas, aprendizagem baseada em equipes, entre outros. Dessa maneira, a adaptação não será um trabalho a mais na demanda do professor, mas uma ação que favorecerá toda a turma.

REFERÊNCIAS

APA. American Psychiatric Association. **Manual diagnóstico e estatístico de transtornos mentais**: DSM-V. 5. ed. Porto Alegre: Artmed, 2014.

BRASIL. Lei n.º 9394, de 20 de dezembro de 1996. Estabelece as diretrizes e bases da educação nacional. **Diário Oficial da União:** seção 1, Brasília, DF, ano 134, n. 248, p. 27833, 23 dez. 1996. Disponível em: http://www.planalto.gov.br/ccivil_03/Leis/L9394.htm. Acesso em: 25 nov. 2020.

BRASIL. Programme for international student assessment (PISA). Instituto nacional de estudos e pesquisas educacionais Anísio Teixeira (INEP). Brasília: Ministério da Educação, 2015. Disponível em: http://www.portal.inep.gov.br/pisa. Acesso em: 10 set. 2020.

BRASIL. Decreto n.º 10.502, de 30 de setembro de 2020. Política Nacional de Educação Especial: Equitativa, Inclusiva e com Aprendizado ao Longo da Vida. **Diário Oficial da União:** seção 1, Brasília, DF, n. 189, p. 6, 01 out. 2020. Disponível em: https://www.in.gov.br/en/web/dou/-/decreto-n-10.502-de--30-de-setembro-de-2020-280529948. Acesso em: 25 nov. 2020.

CAPELLINI, S. *et al.* Intervenção fonoaudiológica na dislexia do desenvolvimento. *In:* SALLES, J. F. **Dislexia do desenvolvimento e adquiridas**. São Paulo: Pearson Clinical Brasil, 2017. p. 329-341.

FONSECA, V. **Dificuldade de aprendizagem**: abordagem neuropsicopedagógica. Rio de Janeiro: WAK editora, 2016.

GLAT, R.; PLETSCH, M. D.; FONTES, R. de S. Educação inclusiva & educação especial: propostas que se complementam no contexto da escola aberta à diversidade. **Revista em Educação**, Santa Maria, v. 32, n. 2, p. 343-356, 2007. Disponível em: http://coralx.ufsm.br/revce/2007/a5.htm. Acesso em: 08 mar. 2016.

MANTOAN, M. T. E. **Inclusão escolar: o que é? por quê? como fazer?** São Paulo: Moderna, 2003.

MEYER, A.; ROSE, D. H.; GORDON, D. **Universal design for learning**: Theory and practice. Wakefield: CAST Professional Publishing, 2000.

MOOJEN, S.; FRANÇA, M. Dislexia: visão fonoaudiológica e psicopedagógica. *In:* ROTTA, N. T.; OHLWEILER, L.; RIESGO, R. dos S. (org.). **Transtornos de Aprendizagem**: Abordagem neurobiológica e multidisciplinar. Porto Alegre: Artmed, 2016. p. 148-161.

NELSON, L. L. **Design and deliver**: planning and teaching using universal design for learning. Baltimore: Brookes Publishing Company, 2013.

ROTTA, N. T.; OHLWEILER, L.; RIESGO, R. dos S. (org.). **Transtornos de Aprendizagem**: Abordagem neurobiológica e multidisciplinar, Porto Alegre: Artmed, 2016.

SALGADO-AZONI, C. A.; PEREIRA, J. S. Identificação precoce de crianças de risco para os transtornos de leitura e estratégias preventivas. *In:* SALLES, J. F.; NAVAS, A. L (org.). **Dislexia do desenvolvimento e adquiridas**. São Paulo: Pearson Clinical Brasil, 2017. p. 39-50.

SILVA, S. C.; BOCK, G. L. K.; BECHE, R. C. E.; GOEDERT, L. Ambiente virtual de aprendizagem Moodle: Acessibilidade nos processos de aprendizagem na Educação a Distância/CEAD/ UDESC. *In:* CONGRESSO BRASILEIRO DE ENSINO SUPERIOR A DISTÂNCIA, 10., 2013, Belém. **Anais** [...]. Belém – PA: UNIREDE, 2013. p. 1-13

ZANATA, E. M. **Práticas pedagógicas inclusivas para alunos surdos numa perspectiva colaborativa**. Orientadora: Eniceia Gonçalves Mendes. 2004. 201 f. Tese (Doutorado em Educação) – Centro de Educação e Ciências Humanas, Universidade Federal de São Carlos, São Carlos, 2004.

ZORZI, J. **As letras falam**: metodologia para alfabetização – Caderno do aplicador e Caderno de Atividades. São Paulo: Phonics Editora e Comunicação, 2017.

NÍVEL DE FORMAÇÃO E INFORMAÇÃO DE PROFESSORES E PROFISSIONAIS DE ÁREAS AFINS SOBRE ADAPTAÇÃO CURRICULAR PARA ALUNOS DISLÉXICOS

Rosana Mendes Ribeiro

Pedro Francisco Molina

Ângela Mathylde Soares

Esse estudo foi elaborado com foco na Neurociência e na interlocução entre a Saúde e a Educação que se intensificam a cada ano diante das políticas de Educação Inclusiva. Caracterizado como exploratório e descritivo, com análise qualitativa, objetivou identificar o nível de formação de profissionais da Educação e de áreas afins, sobre o domínio de estratégias de adaptação curricular, com foco nos Parâmetros Curriculares Nacionais — PCN (Brasil, 1999) e em análise de autores como Ribeiro (2015, 2021), Chevallard (1991) e Perrenoud (2000); no atendimento ou nas orientações realizadas entre a Saúde e a Educação oferecidas aos alunos/pacientes com dislexia. Participaram 15 profissionais, dentre eles; professores, fonoaudiólogos, psicopedagogos e pedagogos; alunos de um curso de especialização voltado para a área da Neuroeducação, que responderam um questionário composto por 2 questões classificadas como "abertas", com espaço para as respostas elaboradas por meio das práticas diárias de cada especialidade. Utilizamos o método qualitativo e questionário aberto como técnica de obtenção e análise de dados. Com relação ao domínio desses profissionais em relação à elaboração e/ou orientação quanto as estratégias de adaptação curricular para o aluno disléxico, concluiu-se que, apesar das leis de inclusão e de obrigações legais avançadas, mesmo que não específicas, há evidentes déficits nas práticas, contrapondo a dimensão das Neurociências em função de equipamentos, tecnologias e pesquisas de ponta que estão revolucionando o saber, desmistificando conceitos e ampliando teorias até então idealizadas. Portanto, documentar fragilidades práticas de professores e de profissionais de áreas afins que, ainda se posicionam centrados em uma atuação predominantemente clinica que deixa a desejar no âmbito educacional, bem como demonstrar inovações do ponto de vista da Educação Inclusiva e consequentemente das adaptações curriculares diante de pesquisas e metodologias atuais é a pretensão deste estudo.

INTRODUÇÃO

O que é para o professor em seu cotidiano enfrentar comorbidades diante do que se apresenta dentro de uma sala de aula?

Partindo da atual premissa que a função do professor é receber em sua sala de aula uma massa de alunos, identificados por números, datas de nascimentos, nomes e sobrenomes das mais variadas classes sociais, preenchedores de carteiras vazias, de forma cartesiana apesar da heterogeneidade, são encarados de forma homogêneas, sem levar as potenciais sensibilidades perceptivas, temos um ensinar de massa, não levando em consideração as diversidades, ou seja, cada organismo de composições diferentes e diferenciadas.

Mesmo diante do reconhecimento da Neurociência a partir do século XX como disciplina acadêmica voltada ao estudo do sistema nervoso, suas aplicações e impactos na forma de aprendizado, percebe-se um distanciamento entre a teoria e a prática daqueles que estão nas linhas de frente e que seriam fundamentais para estas práticas, diante da evolução tecnológica exigente dos últimos tempos.

Sabemos, atualmente, com o avanço no conhecimento do cérebro que as singularidades são heterogêneas, pois cada indivíduo apresenta particularidade em função de heranças genéticas, ambientes familiares, culturas, comorbidades genômicas, alimentações, nutrientes, além de uma consolidação cerebral, diante de sua própria evolução na composição neuronal, ou seja, alguns potencializam, processam de forma diferenciada em função de suas particularidades orgânicas e psicológicas.

Isso nos remete à necessidade de comunicação entre as mais diversas áreas do saber, a soma integrada de forças agregadas à coletividade de conhecimentos que aliviarão, assim, uma categoria tão sofrida nos últimos tempos que é o professor, principalmente dos Ensinos Fundamental e Médio, tão desvalorizados na atualidade.

Observa-se que há uma crise na Educação, apesar de várias legislações existentes, obrigações, exigências laborais, sobre velhas estruturas que ainda resistem o peso das responsabilidades, por verdadeiros missionários da educação. Na prática, fissuras comprometem suas aplicações, necessidades prementes com o encurtamento dos laboratórios de pesquisas, cientistas se aproximarem das escolas, com novos fundamentos, conceitos, de seus estudos, de forma solidárias na composição, renovação de soluções viáveis, melhorando assim os índices desfavoráveis apresentados na Educação.

Destacamos citação de Franco (2000, p. 2):

> No curso da elaboração e publicação dos Parâmetros Curriculares Nacionais – PCN para o Ensino Fundamental e Médio, no final de 1999, o Governo Federal publicou a versão final das "Adaptações Curriculares dos Parâmetros Curriculares Nacionais para educação de alunos com necessidades especiais". Visa-se, assim, consubstanciar a incorporação do aprendiz com necessidades educativas especiais à dinâmica pedagógica do ensino regular.

As leis voltadas para a Educação Inclusiva, desde a Constituição de 1988, vêm cumprindo seu papel de legislar, porém suas aplicações encontram barreiras. Rompê-las tem sido uma batalha constante, que muitas vezes encontra imposições que se fecham dentro de seus castelos seculares.

Portanto, cabe expô-las. E nada como as pesquisas para demonstrar que há um hiato entre as práticas e as ocorrências dinâmicas das ciências.

MÉTODO

Este estudo refere-se a uma pesquisa exploratória e descritiva, com análise qualitativa. Participaram 15 profissionais, dentre eles; professores, fonoaudiólogos, psicopedagogos e pedagogos; alunos de um curso de especialização voltado para a área da Neuroeducação, de um centro de assessoria em Saúde e Educação especializado na cidade de São Paulo.

Os dados foram colhidos por meio de um questionário composto por 2 questões no formato "aberto"[1], com espaço para as respostas; elaboradas por meio das práticas diárias de cada especialidade. Foram excluídos da análise aqueles que não atuavam na confecção e/ou orientação sobre a temática "adaptações curriculares". A aplicação ocorreu de forma individual e anterior ao início das aulas específicas sobre Neurociência, Educação Inclusiva e Adaptação Curricular, sendo oferecido o tempo de 60 minutos para o preenchimento das questões. Após aplicação, os dados obtidos foram sistematizados e tabulados para análise da pesquisa. Como a proposta deste artigo é demonstrar o nível de formação e de informação de professores e profissionais de áreas afins sobre adaptação curricular para alunos disléxicos, nossa preocupação foi a de nos ater ao tema proposto embasados no conceito de adaptação curricular a partir dos Parâmetros Curriculares Nacionais datados de 1998, que pressupõem o atendimento à diversificação de necessidades dos alunos nas escolas. Seguindo essa linha, organizamos as perguntas considerando um dos tipos de adaptações curriculares, as "Não significativas ou de pequeno porte" (RIBEIRO, 2021, p. 171): execução de atividades e provas escolares.

Perguntas realizadas: 1) Quais suas ações ou orientações para adaptação das atividades diárias (livros didáticos, exercícios, textos, tarefa de casa) para o seu aluno ou paciente com dislexia? 2) Quais suas ações ou orientações para adaptação das provas escolares para o seu aluno ou paciente com dislexia?

As respostas foram tabuladas sob a perspectiva descrita pela Metodologia CDRA (RIBEIRO, 2021); em três categorias: 1) técnicas de adaptação curricular padronizadas; 2) técnicas de adaptação curricular personalizadas (intervenções temporárias e remediativas); e 3) de risco para o contexto inclusivo. Esta última sendo considerada "vaga"; diante da concepção de "adaptação curricular" analisada a partir dos trabalhos de Chevallard (1991) e Perrenoud (2000) que nos levam a refletir sobre os riscos no sentido da banalização e da descontextualização do conhecimento gerados pelas supostas orientações, com "adaptações" sem embasamento científico, podendo ser consideradas intervenções não remediativas e, sim, procrastinadoras, perpetuadoras dos processos de inclusão e por que não dizer excludentes.

---

1 "Perguntas abertas: permitem que o respondente insira uma resposta pessoal" (Portilho; De Almeida, 2008, p. 471).

TABULAÇÃO

Ao todo, os 15 profissionais ofereceram 56 sugestões para a primeira questão e 67 sugestões para a segunda questão, divididas conforme o gráfico a seguir:

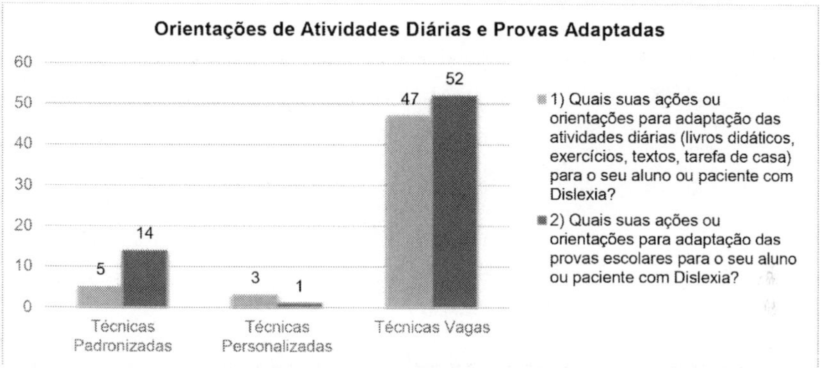

Gráfico 1 – Orientações de Atividades Diárias e Provas Adaptadas

Fonte: Elaborado pelas autoras.

Visualização para a primeira questão:

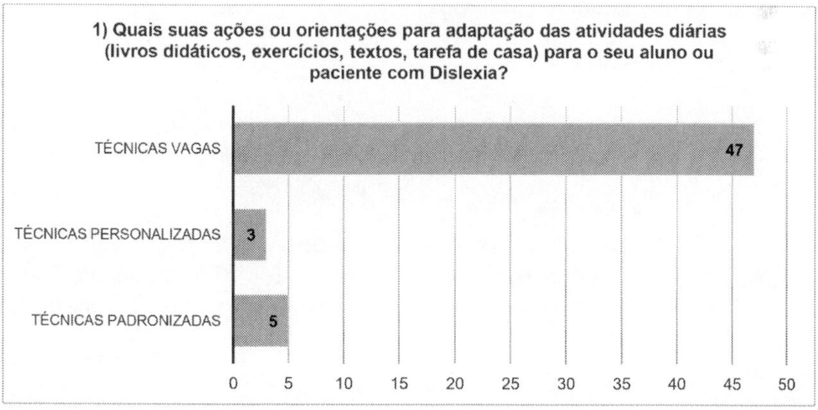

Gráfico 2 – Tabulação das Respostas para a Primeira Questão

Fonte: Elaborado pelas autoras.

Dentre as sugestões consideradas vagas/difusas, podemos exemplificar com o relato oferecido por dois respondentes:

> As atividades devem ser adaptadas também. Como o cotidiano é muito corrido, talvez a melhor maneira de fazer isso é dar a atividade para todos e, depois, individualmente, dizer ao aluno o que [sic] espera dele.
>
> Cada crianças tem seu tempo e suas limitações, mas em casos de crianças com algum atraso de aprendizagem, síndrome, qualquer tipo de limitação precisa ser estimulado e trabalhado dentro das suas possibilidades e orientações necessárias.

No gráfico a seguir, temos a visualização das respostas para a segunda questão:

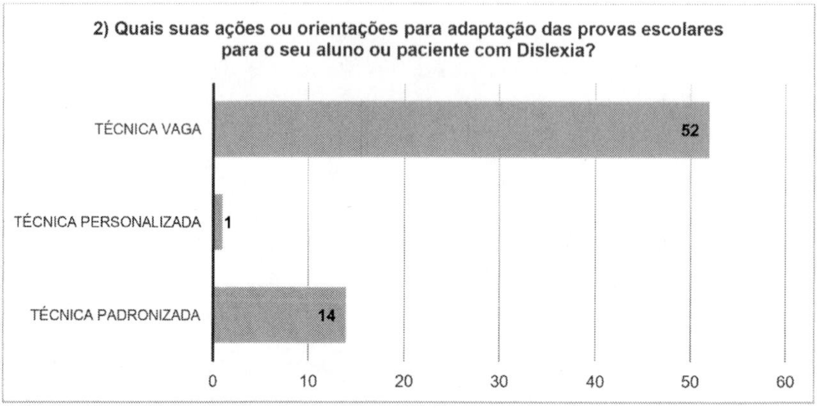

Gráfico 3 – Tabulação das Respostas para a Segunda Questão

Fonte: Elaborado pelas autoras.

Dentre as consideradas vagas /difusas, consideramos respostas como:

> Orientar e conseguir fazer a escola compreender que é muito difícil, senão impossível, uma criança com uma dificuldade específica conseguir fazer uma avaliação sem que ela tenha a capacidade e possibilidade de fazê-la.
>
> Não deixar de abordar o essencial de pré-requisito para a série (caso a criança não seja deficiente intelectual).

Entre as técnicas padronizadas e/ou personalizadas, segundo a Metodologia CDRA (Ribeiro, 2021), citadas por aproximação estavam:

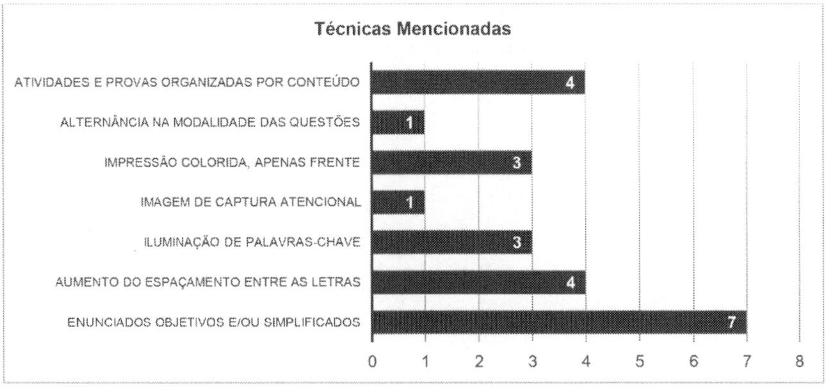

Gráfico 4 – Técnicas Mencionadas

Fonte: Elaborado pelas autoras.

RESULTADOS E DISCUSSÕES

Atuar na Educação Inclusiva no cenário atual, exige dos profissionais da Educação e de áreas afins, conhecimentos prévios, isto é, habilidades específicas que viabilizem ajustes referentes aos conteúdos curriculares sabidamente exclusivos e evidentes no ambiente educacional.

No século XX, a Neurociência começa a ser reconhecida como disciplina acadêmica no estudo do sistema nervoso e estabelece, atualmente, impacto na forma de pensar e no aprendizado, pois traz um conjunto de conhecimentos nas mais diversas áreas como estratégias nas observações clínicas, principalmente na Educação.

A adaptabilidade é uma forma de ajuste dentro do contexto escolar, pois o profissional atuante como observador vai preenchendo lacunas, detalhes, ajustando sua pedagogia dentro da sala de aula.

Vale salientar que a dislexia é essencialmente caracterizada pela lentidão na leitura, com comprometimento de memória operacional e de domínio semântico, que quando abordados de forma correta no ambiente educacional, nos conteúdos curriculares, com estratégias preventivas e remediativas dentro do campo das adaptações e adequações curriculares demonstram excelentes resultados.

Diante do exposto, os participantes do estudo caracterizados por diferentes, porém, correlatas áreas de atuação no que tange à dislexia, dentre eles professores; pedagogos; fonoaudiólogos e psicopedagogos

— demonstraram fragilidades acerca dos conceitos das "adaptações curriculares não-significativas ou de pequeno porte", uma vez que ofereceram em suas respostas 123 técnicas de adaptação curricular, das quais 100 foram consideradas vagas para execução de atividades e provas escolares, a partir dos autores propostos neste estudo Chevallard (1991) e Perrenoud (2000) que já apontavam para os riscos que tais "adaptações" incorrem seriamente na possibilidade de banalizar e descontextualizar o conhecimento e afirmam que a escola tem a importância de iniciação, portanto nos remete ao conhecimento, para isso precisamos de competências:

> A construção de competências, pois, é inseparável da formação de esquemas de mobilização dos conhecimentos com discernimento, em tempo real, ao serviço de uma ação eficaz. Ora, os esquemas de mobilização de diversos recursos cognitivos em uma situação de ação complexa desenvolvem-se e estabilizam-se ao sabor da prática. No ser humano, com efeito, os esquemas não podem ser programados por uma intervenção externa. Não existe, a não ser nas novelas de ficção científica, nenhum "transplante de esquemas". O sujeito não pode tão pouco os construir por simples interiorização de um conhecimento procedimental. Os esquemas constroem-se ao sabor de um treinamento, experiências renovadas, ao mesmo tempo redundantes e estruturantes, treinamento esse tanto mais eficaz quanto associado a uma postura reflexiva (Perrenoud; Magne, 1999, p. 10).

Em contrapartida, as 23 estratégias sugeridas e consideradas pelo estudo como personalizadas e padronizadas, segundo a Metodologia CDRA[2] (RIBEIRO, 2021) proposta para análise dos dados, foram consideradas por aproximação[3], pois foram relatadas como "dicas" sem referências ou mesmo embasamentos para sua utilização nos quadros

---

2 O CDRA é uma metodologia que se sustenta por princípios baseados em três pilares, ou seja, Formação dos professores na aplicação do método; Mapeamento dos alunos, envolvendo a família, baseados em anamneses, para compor o perfil de cada aluno e Intervenção dentro de cada singularidade, características denotam a construção de uma linguagem a partir da percepção, abstração, no sentido de que o aluno possa decodificar o enunciado, decifrar, deduzir, dentro de cada comorbidade individual ou grupo.

A participação do conjunto favorece a integração do todo, o conhecimento da diversidade no remete ao solidário, evitando o excludente, pois uma meta é proposta, favorecendo as Funções Executivas, cujas diferenças se tornam o combustível de um organismo sincrônico na harmonização do todo.

3 Estratégia sugerida pelo participante: "Enunciados sem duas ou três perguntas no mesmo enunciado"

sugeridos de dislexia predominando, dentre os profissionais, uma perspectiva informal e descontextualizada, uma dupla banalização do conhecimento científico (Franco, 2000), condutas inadequadas ao ambiente educacional e aos conteúdos curriculares.

Estratégia Metodologia CDRA: "Enunciados objetivos e/ou Simplificados – Discurso simplificado que objetiva gerar sentido direto às solicitações. Objetivos: Memória operacional-controle de instruções, linguagem [...]" (Ribeiro, 2021, p. 84).

Segundo Ribeiro (2021, 186-187):

> [...] singulares, *embasadas* e inovadoras estratégias de adaptação e adequação curricular da Metodologia CDRA que, em síntese, priorizam a regulação do funcionamento executivo de nossos alunos através de:
>
> Estratégias de memória: que auxiliam o aluno na recuperação e armazenamento de antigas e novas informações (referências mentais; aplicação de imagens e suas relações com: palavras, com contextos, com conceitos e com conteúdos);
>
> Estratégias de cognição e compensação: compreensão e expressão por diferentes meios, apesar de seus "gaps" de conhecimento e/ou cognição (repetição; treino; análise; raciocínio; abstração; contextualização; concretização; compreensão e expressão).
>
> Estratégias metacognitivas: objetiva que o aluno controle sua própria cognição, ou seja, coordene o processo de aprendizagem pelo uso de funções de centralização, organização, planejamento e avaliação (amplitude, atenção, organização; associações; vocabulário; planejamento; reflexões; auto encorajamento; redução da ansiedade; autonomia e controle de expectativa).

Para Franco (2000), ao considerarmos a teoria da Transposição Didática de Chevallard, "em toda atuação didática há um processo de produção de ideias, sobre o que se pode modificar" (Franco, 2000, p. 6).

> Se no conceito de transposição didática já encontrávamos um "saber de ensino" passível de ser órfão de sua história e segmentado de seu conteúdo, argumentamos que esse novo conhecimento, que adapta, simplifica e torna ensinável os saberes universalmente aceitos [...] (Franco, 2000, p. 6).

O viver em sociedade passa pelas convivências com os diferentes, sobretudo no Brasil, pois há a multiplicidades de uma mistura com particularidades somadas às diversidades por ser um país plural e continental.

Conscientes de nossa atuação, aumenta nossa responsabilidade com o conhecimento. A atual situação requer novas adaptações e reenquadramentos. Dentro desse contexto, surgem as pesquisas como forma de mensuração de práticas, divulgações transformadoras que auxiliam as novas gerações.

Surpreendemo-nos com os distanciamentos, acomodações, daqueles que se propõem à árdua tarefa de despertar mentes imaturas dos iniciados. Para tanto, se exige trabalho continuo de cada um na soma do que se sabe, com o novo que se apresenta, ou seja, atualizações no mundo científico, que já provou revolucionário, leituras pertinentes à área escolhida, congressos, reunião de pares para o frescor na soma do inovar coletivo.

Denota-se que a pesquisa ora apresentada, a diversos profissionais formuladores estruturantes da Educação, no quesito adaptações curriculares, sustentáculos que representam em suas atuações, deixam a desejar com divagações, conhecimentos difusos no que se referem a atividades, orientações, técnicas avançadas, como pré-requisito dos resultados de proficiências, importantes entre as teorias e práticas.

CONSIDERAÇÕES FINAIS

Uma das grandes preocupações do professor ou daquele que conduz o processo de ensino é: Como fazer o aluno aprender?

O ponto crucial de todos, porém como o advento da Neurociência, surge a oportunidade de contribuição de novas competências do educador do futuro às quais ansiamos. Portanto, conhecer as estruturas cerebrais é de fundamental importância para a condução do saber.

Por outro lado, torna-se urgente o reconhecimento do professor que se inova, dignificando sua profissão tão desqualificada nos últimos tempos, passando ele a ser o condutor e conhecedor da biologia cerebral, suas dimensões cognitivas socioafetivas emocionais, motoras, ou seja, preparador das novas gerações no combate ao analfabetismo funcional.

Para isso temos que definir: que modelo de aprendizado se quer para nosso país? Uma formação plural fundamentada na competência ou a continuidade de uma escola salvacionista, primado do assistencialismo que há séculos emperram a nação?

Ferramentas transformadoras estão aí, demonstram caminhos para a solidificação segura do conhecimento universal, portanto temos que refletir com sabedoria. Temos certeza que com a ciência (suas pesquisas, a Antropologia Biológica no estudo do genoma humano, a integração entre a Neuropsicanálise, Neuropsicologia e a

Fonoaudiologia), não há como retornar às metodologias arcaicas, lineares, dicotômicas, binárias, que até então dificultaram o conhecimento, limitando-nos.

Portanto, a discussão nos remete à atenção e à prudência com olhar abrangente sobre as diferentes causas anatofisiológicas e suas passíveis complementações para este cérebro que se apresenta, superando a tendência de "consertos sem fim" dos chamados "anormais", principalmente no processo educacional, em que se exibem de forma prática os aprendentes com tais diferenças segregadoras. Cabe ao desenvolvimento do universo conhecido o aprendizado e não o estigma de diagnose das diferenças entre "normais" e "anormais".

Deve-se ampliar o olhar, as informações e suas variantes, processos que nos colocam no sentido evolutivo do ser. Pois se há diferenças, assim como há atributos, não podemos ficar presos de forma cartesiana a formulações compartimentadas, mas sim de novos reenquadramentos, adaptações para atingirmos conhecimentos que se apresentam quanto à linguagem universal dos cérebros diferenciados.

Principalmente por que somos sabedores de que a aprendizagem dos iniciados na leitura e escrita envolve muitos fatores, dentre eles os socioeconômicos, ambientais, emocionais, biológicos, cognições, pedagógicos, que demonstram que é uma questão de saúde pública, portanto não mais confinados em salas de aulas, mas uma equipe interdisciplinar que assuma, dentro de suas especialidades e de forma solidária e plural, a promoção da educação dentro da abrangência que se faz necessária.

REFERÊNCIAS

BRASIL. **Parâmetros Curriculares Nacionais**: Adaptações Curriculares – Estratégias para Educação de Alunos com Necessidades Educacionais Especiais. Brasília: Secretária de Educação Especial, 1999.

CHEVALLARD, Y. **La Transposicion Didática del saber sábio al saber enseñado**. Buenos Aires: Aique Grupo Editor, 1991.

FRANCO, M. Os PCN e as adaptações curriculares para alunos com Necessidades Educacionais Especiais: um debate. **Revista Teias**, Rio de Janeiro, v. 1, n. 2, 2000.

PERRENOUD, P. **Pedagogia diferenciada: das intenções à ação**. Porto Alegre: Artes Médicas, 2000.

PERRENOUD, P.; MAGNE, B. C. **Construir**: as competências desde a escola. Porto Alegre: Artmed, 1999.

PORTILHO, E. M. L.; DE ALMEIDA, S. D. C. D. Avaliando a aprendizagem e o ensino com pesquisa no Ensino Médio. **Ensaio: Avaliação e Políticas Públicas em Educação**, Rio de Janeiro, v. 16, n. 60, p. 469-488, jul/set 2008.

RIBEIRO, R. M. **CRA - Classificação para Reenquadramento de Aprendizagem**. São Paulo: Editora Desafio, 2015.

RIBEIRO, R. M. **A cada um o que é seu**: Metodologia CDRA — referência em defasagens educacionais e adaptações. São Paulo: Núcleo Aprende, 2021. no prelo.

SOARES, A. M.; SIMÃO, J. O. R.; NEVES, L. M. **Caminhos da Aprendizagem e Inclusão**: Entretecendo Múltiplos Saberes. v. 2. Belo Horizonte: Artesã, 2019.

INDICADORES DA DISLEXIA RELACIONADOS À FLUÊNCIA DE LEITURA EM ESCOLARES DO ENSINO FUNDAMENTAL I E II

Maíra Anelli Martins

Luciana Mendonça Alves

As dificuldades dos escolares com dislexia têm sido frequentemente abordadas sob a ótica dos diferentes processamentos envolvidos e pouca atenção é dedicada aos estudos da fluência de leitura, apesar da grande demanda entre os escolares do Ensino Fundamental. O capítulo objetiva apresentar as principais características da leitura fluente no decorrer do Ensino Fundamental, assim como as dificuldades encontradas pelos estudantes com dislexia.

A DISLEXIA E A FLUÊNCIA DE LEITURA

A dislexia figura entre os transtornos mais estudados do neurodesenvolvimento. As dificuldades para aprender a ler e escrever adequadamente têm origem neurobiológica com manifestações linguísticas variadas. De acordo com o Manual Diagnóstico e Estatístico de Transtornos mentais (DSM-5), a dislexia "é um termo alternativo usado em referência a um padrão de dificuldades de aprendizagem caracterizado por problemas no reconhecimento preciso ou fluente de palavras, problemas de decodificação e dificuldades de ortografia". Os déficits decorrentes de tal quadro podem gerar prejuízos no funcionamento social, pessoal, acadêmico e, mais tarde, profissional. Exatamente por isso, os estudos sobre este tema devem ser continuamente conduzidos a fim de se proporcionar a ajuda que tal população necessita em seus diferentes contextos e funcionalidades.

As dificuldades dos escolares com dislexia têm sido frequentemente abordadas sob a ótica dos problemas relacionados ao processamento fonológico, ortográfico e até mesmo auditivo. No entanto, pouca atenção tem sido dedicada aos estudos da fluência de leitura nesta população, apesar de ser esta uma demanda muito grande dentre os escolares do Ensino Fundamental. Após vencidas as dificuldades básicas do quadro de dislexia, depois do processo de intervenção e ajustes educacionais, as dificuldades em fluência leitora podem persistir e causar impacto na vida acadêmica e social das crianças e adolescentes com dislexia.

Os estudos conduzidos com escolares com dislexia do desenvolvimento evidenciam as seguintes características relacionadas à fluência de leitura (Alves, 2007; Lalain *et al.*, 2014; Alves; Reis; Pinheiro, 2015; Alves; Navas, 2017):

- leitura laboriosa e muitas vezes segmentada;
- uso inadequado de pausas;
- velocidade abaixo da esperada para a escolaridade;
- dificuldades com a entonação e marcação da modalidade das sentenças lidas;
- restrição na variação melódica, com pouca expressividade;
- problemas em realizar a marcação das proeminências tônicas;
- falta de regularidade rítmica.

Tais dificuldades fazem com que o leitor fique desmotivado, o que o leva a perder o gosto por todas as atividades relacionadas à leitura, pois eles entram no ciclo descrito por Alves e Navas (2017) apresentado a seguir:

Figura 1 – Ciclo do Déficit na Leitura Fluente

Fonte: Alves e Navas (2017, p. 263).

Além das questões relacionadas aos escolares, há também obstáculos relacionados ao nosso sistema de ensino e de condutas de intervenção clínica mediante estes quadros. Em função da evolução mais lenta do desenvolvimento da habilidade de leitura dos escolares com dislexia, as medidas recomendadas de fluência para cada ano escolar, seja pelos documentos do governo, seja pelas pesquisas científicas, são distantes da realidade para o padrão de desenvolvimento deste grupo de alunos (Tindal *et al.*, 2016; O'Connor, 2018), o que demanda mais estudos investigativos em parceria com as iniciativas educacionais e políticas públicas de educação.

Assim, este capítulo tem como objetivo apresentar o contexto dos estudos em leitura fluente e apontar recomendações para a observação, avaliação e monitoramento da fluência de leitura oral em escolares com dislexia do desenvolvimento.

O QUE É FLUÊNCIA DE LEITURA?

Uma leitura fluente é estabelecida após o leitor consolidar os seus conhecimentos do sistema alfabético da língua e apresentar reconhecimento automático das palavras lidas (Stevens; Walker; Vaughn, 2016). Segundo o *National Reading Panel* (2000) a leitura fluente se refere à habilidade de ler um texto de forma precisa com velocidade natural e expressão adequada. Ou seja, é uma habilidade que combina acurácia, automaticidade e expressividade (Kuhn; Schwanenflugel; Meisinger, 2010). Neste contexto, a **acurácia** se refere à precisão, ou seja, leitura correta das palavras, a **automaticidade** ao reconhecimento automático das palavras e a velocidade deste reconhecimento e a **expressividade** ao uso da prosódia adequada, ou seja, a leitura expressiva, com ritmo e entonação apropriados

Nos primeiros anos do Ensino Fundamental, após o processo de alfabetização, adequado domínio do sistema alfabético e reconhecimento automático das palavras, podemos verdadeiramente falar em fluência leitora. Antes deste período, há indicadores da construção de tal processo, como o acesso rápido ao léxico, a consciência fonológica, o reconhecimento visual das letras e a sua associação aos seus respectivos sons, além do reconhecimento automático de palavras (via rota lexical).

Assim, no primeiro ano do Ensino Fundamental, a maior parte dos leitores constroem gradualmente as bases para a leitura fluente e a partir do segundo ano eles já evoluem melhor com tal habilidade, de forma a conseguirem realizar uma leitura em contexto com fluência e expressividade.

Durante muito tempo, este tema foi minimamente abordado e explorado pelos documentos oficiais do governo e nas capacitações aos professores. Felizmente, as evidências científicas têm, cada vez mais, revelado a grande importância desta habilidade.

Em 2019, o documento da Secretaria de Alfabetização do Ministério da Educação, a Política Nacional de Alfabetização – PNA, traz o tema de forma fundamentada. Apresenta a fluência em leitura oral como um dos seis componentes essenciais para a alfabetização e constitui, dentre os seus mecanismos de avaliação e monitoramento, o desenvolvimento de indicadores de fluência em leitura oral. Segundo o documento, a fluência leitora é desenvolvida entre o 2.° e o 5.° ano do Ensino Fundamental, juntamente com as habilidades de literacia intermediária.

Também a Base Nacional Comum Curricular – BNCC, aponta, dentre as aprendizagens essenciais, que todos os alunos devem desenvolver a fluência de leitura. O documento menciona tal habilidade em três contextos:

- **No processo de alfabetização:** é mencionado o desenvolvimento da capacidade de reconhecimento global das palavras, responsável posteriormente pela fluência na leitura, além da ampliação da sacada do olhar para porções maiores do texto de forma a desenvolver a fluência e rapidez de leitura.
- **1.° e 2.° anos:** em Língua Portuguesa há o item decodificação / fluência de leitura, que preconiza para esta escolaridade "*ler palavras novas com precisão na decodificação, no caso de palavras de uso frequente, ler globalmente, por memorização*".
- **3.° ao 5.° anos:** também em Língua Portuguesa no item decodificação / fluência de leitura é preconizado "*ler e compreender, silenciosamente e, em seguida, em voz alta, com autonomia e fluência, textos curtos com nível de textualidade adequado*".

A partir desta etapa, espera-se que os ganhos em fluência evoluam até o alcance dos parâmetros similares à fala espontânea, de forma a ser aplicada à compreensão dos conteúdos específicos das disciplinas (PNA, 2019) e uso funcional da leitura em diferentes contextos.

COMO A FLUÊNCIA DE LEITURA PODE SER AVALIADA?

A avaliação dos quadros de dislexia é sempre interprofissional e deve englobar a investigação de diversas habilidades e processos distintos. Será apresentada neste capítulo a avaliação da fluência de leitura de forma isolada, mas ressaltamos que todos os resultados sempre devem ser estudados à luz de olhar interdisciplinar e de forma integrada com os demais resultados da avaliação conduzida.

A fluência, no início da alfabetização, pode ser avaliada pela automaticidade no reconhecimento das letras do alfabeto e pelo conhecimento das relações letra-som, uma vez que estas habilidades tenham sido ensinadas aos estudantes que se encontram no início do processo de alfabetização. E tanto a acurácia quanto a automaticidade destes conhecimentos devem ser avaliadas e cronometradas (Schatschneider; Torgesen, 2004).

A avaliação da fluência de leitura pode ser feita de algumas formas diferentes nos estágios subsequentes da alfabetização e com ênfase em alguns de seus componentes (acurácia, velocidade e expressividade). Em relação ao tipo de material empregado, pode-se usar **lista balanceada de palavras e pseudopalavras** ou um **texto adequado para a escolaridade**. A diferença entre estas duas formas de avaliação é que a lista de palavras nos fornece medidas mais direcionadas à precisão (e também velocidade), por haver controle da regularidade, frequência e tamanho das palavras. Por outro lado, a leitura em contexto, ou seja, do texto completo, permite observar, além das medidas de precisão e velocidade, a expressividade durante a leitura dos enunciados e a compreensão do texto lido (Alves; Martins, 2020). Para a investigação de casos suspeitos de dislexia, é essencial realizar a avaliação tanto de palavras isoladas, capaz de indicar qual rota de acesso à leitura está comprometida, quanto a leitura em contexto, capaz de avaliar de forma mais ampla o processamento da leitura e compreensão dos textos.

As medidas de velocidade podem ser realizadas tanto por **leitura silenciosa** quanto por **leitura em voz alta**. No entanto, para a avaliação da precisão e da expressividade, a leitura deve ser realizada em voz alta. De qualquer forma, é recomendado realizar a avaliação das duas modalidades de leitura de forma comparativa, uma vez que, segundo Kim, Wagner e Foster (2011), tais modalidades são manifestações de sub-habilidades diferentes de leitura e podem não se desenvolver da mesma forma.

Ressalta-se que tanto para a avaliação da leitura por lista de palavras quanto de textos, deve-se sempre procurar material validado e adequado para a idade e escolaridade do escolar. Sugere-se também que a leitura seja gravada para análise detalhada dos diversos componentes. Abordaremos a seguir as formas de avaliação dos três componentes da fluência de leitura.

Para a avaliação dos componentes **acurácia** e **velocidade**, deve-se contar o número de palavras lidas corretamente e o número de palavras lidas de forma incorreta, além do tempo total gasto para a leitura do texto em questão. Segundo a metodologia proposta por Kawano *et al.* (2011), temos as seguintes fórmulas para cada medida:

A **taxa de leitura**, ou seja, a **velocidade** é medida pelas palavras lidas por minuto (PPM) com a seguinte fórmula: PPM = (Número de palavras lidas x 60 segundos) / (tempo total de leitura (em segundos).

A **acurácia**, ou seja, a **precisão** é medida pelas palavras lidas corretamente (desconsiderar as falhas na decodificação, omissões, hesitações) por minuto (PCPM) por meio da seguinte fórmula: PCPM = (Número de palavras lidas corretamente x 60 segundos) / (tempo total de leitura (em segundos).

O terceiro componente, a **expressividade**, pode ser avaliado de duas formas: por meio de medidas objetivas de análise acústica (utilizando-se *softwares* e conhecimentos técnicos especializados) ou com escalas de avaliação subjetiva, como a proposta por Alves e Celeste (2019). Neste caso, deve ser observada a capacidade de imprimir entonação adequada, respeitar os sinais de pontuação, utilizar as pausas e ajustar a intensidade e velocidade segundo as atitudes expressas pelo texto (ALVES; MARTINS, 2020).

DIFICULDADES APRESENTADAS NOS ANOS INICIAIS (1.º E 2.º ANOS)

Frequentemente, as crianças que apresentam déficit "invisível" de velocidade não são identificadas até atingirem as séries mais avançadas na escolarização. No entanto, podem começar a sofrer os efeitos negativos da dificuldade de leitura, como pior desempenho escolar em outras disciplinas desde o início da escolarização. Por esse motivo, medidas de fluência que levam em consideração a velocidade devem ser incluídas nas avaliações de leitura a partir do momento que estão no final do processo de alfabetização (Norton; Wolf, 2012).

Para os escolares em fase inicial de alfabetização, como no 1.º e 2.º anos, é necessário uma avaliação abrangente das habilidades de reconhecimento de palavras, o que inclui informações sobre consciência fonológica, identificação de letras, conhecimento da correspondência grafema-fonema, e até mesmo nomeação automática rápida, uma vez que estas habilidades são a base para o desenvolvimento de uma leitura com fluência (Pazeto; León; Seabra, 2017; Júnior Silva *et al.*, 2019).

No início do processo de alfabetização, é preciso identificar os sinais de risco para dificuldades de leitura que mais tarde poderão se caracterizar por manifestações de um quadro de dislexia. Uma criança disléxica apresenta dificuldades em automatizar o reconhecimento das letras do alfabeto, por consequência apresenta dificuldades em "soletrar" palavras impressas ou usar estratégias de decodificação fonêmica e, portanto, dificuldade em decifrar palavras desconhecidas que não tenha encontrado antes. Muitas vezes as palavras escritas a que são expostas fazem parte do vocabulário oral da criança, e mesmo assim há uma dificuldade com o reconhecimento da palavra. Como resultado, a leitura pode ser extremamente trabalhosa e demorada, com muitos erros e, ao mesmo tempo, uma experiência desagradável e aversiva. Estes estudantes não serão eficientes no uso do conhecimento das relações grafema-fonema para identificar palavras desconhecidas (Schatschneider; Torgesen, 2004).

A dificuldade que as crianças com dislexia têm em desenvolver habilidade de decodificação fonêmica de forma precisa e eficiente torna a aquisição do léxico de input visual um processo muito mais lento do que para um leitor sem dificuldades. O resultado de um estudo brasileiro sugere que a estratégia alfabética, em relação à consciência fonológica, por exemplo, é uma das habilidades que mais se desenvolve no início da alfabetização e é também a que mais discrimina bons e maus leitores (Capovilla *et al.*, 2004). Por isto, avaliar precocemente a automaticidade do reconhecimento do alfabeto é um passo extremamente importante na prevenção de um problema de leitura na criança com risco de dislexia (Schatschneider; Torgesen, 2004).

Ressalta-se o fato de que não só deveria ser avaliado o conhecimento do alfabeto, mas também a relação grafema-fonema, no entanto, antes disso, é necessário que o estudante tenha acesso a este ensino. Sendo a dificuldade no aprendizado da relação grafema-fonema outra característica apresentada pelo escolar com dislexia, e estando esta habilidade na interseção entre a fonologia e a linguagem escrita, a avaliação deverá refletir o conhecimento do nome das letras, seus respectivos sons e suas representações escritas (Ozernov-Palchik; Gaab, 2016).

A identificação precoce dos sinais de risco relacionados ao desenvolvimento da fluência concentra-se em duas abordagens, sendo a primeira abordagem uma avaliação mais dinâmica, particularmente aplicável às séries iniciais, na qual o desenvolvimento da habilidade de fluência pode ser medido, dentro da realidade de ensino brasileira, por exemplo, pelo reconhecimento de letras e leitura de palavras, devendo ser avaliada com regularidade e comparada com as normas esperadas (Kame'enui *et al.*, 2000; Shaywitz; Morris; Shaywitz, 2008). No entanto, devido às dificuldades com normas padronizadas de referência de fluência de leitura publicadas na literatura científica brasileira, uma outra forma de avaliar que pode ser realizada é prever e comparar o desempenho dos estudantes, ao longo do tempo, com seus pares, estabelecendo assim objetivos anuais, desenvolvendo normas para a turma, escola e/ou região e identificar aqueles em risco de apresentarem dislexia (Mendonça; Martins, 2014; Morris *et al.*, 2017).

A segunda abordagem, denominada "resposta à intervenção" - RTI tem sido discutida amplamente em estudos mais recentes no Brasil (Batista; Pestun, 2019). Nesta abordagem, todas as crianças recebem instrução de leitura com base em evidências científicas e têm o progresso monitorado com frequência; aqueles que não estão fazendo progresso são selecionados para receber suporte educacional adicional em camadas. Ou seja, todas os estudantes recebem instrução em sala de aula (Nível 1) e, por meio da avaliação sistemática de sua resposta à instrução, aqueles que não respondem à instrução na camada Nível 1 recebem intervenção especial e especializada com níveis crescentes de intensidade (Nível 2 – instrução em pequenos grupos e/ou Nível 3, instrução mais focada nas dificuldades individuais) de acordo com suas necessidades (Fuchs; Fuchs, 2006; Fuchs; Fuchs; Compton, 2012; Machado; Almeida, 2014; Shaywitz; Morris; Shaywitz, 2008).

Em relação ao uso do RTI com o uso de medidas de fluência de leitura, esse tem sido apontado pela literatura como um recurso eficaz para identificação precoce da dislexia e como meio norteador de intervenções adequadas às demandas de cada caso. Uma vez que os estudantes em risco são selecionados, sua capacidade de resposta à instrução de educação geral é monitorada e a falta de resposta a estas instruções passa a ser um critério diagnóstico. Por isso, assim que os estudantes aprendem a ler, os melhores indicadores de diagnóstico da dislexia são as medidas de eficiência de decodificação fonêmica e fluência de leitura de textos (Schatschneider; Torgesen, 2004).

DIFICULDADES APRESENTADAS DO 3.º AO 5.º ANOS

A dislexia normalmente não é diagnosticada até que a criança falhe em aprender a ler como esperado (geralmente no terceiro ano ou mais tarde) (Ozernov-Palchik; Gaab, 2016). Por isto, estes estudantes deveriam ser acompanhados por meio de avaliações focadas na fluência de leitura com frequência durante um ano acadêmico (ou durante toda a escolaridade), ao mesmo tempo em que instruções de leitura sistemáticas também deveriam ser oferecidas (Shaywitz; Morris; Shaywitz, 2008). Por isto o uso da abordagem do RTI é de extrema importância também para os escolares do 3.º ao 5.º ano, uma vez que a dislexia é geralmente diagnosticada após o momento mais eficaz para intervenção, o que pode ser denominado de o "paradoxo da dislexia" (Ozernov-Palchik; Gaab, 2016).

Dentro do modelo RTI, além do conceito de prevenção em camadas, há também o conceito de triagem universal, geralmente realizada na Camada 1, e que posteriormente servirá como um monitoramento dos estudantes, com o objetivo de identificar ou sinalizar aqueles que estão em risco de apresentar dificuldades de aprendizagem, e assim necessitarem da intervenção na camada 2. A triagem universal é feita em três momentos do ano letivo (início, meio e final) e incide sobre uma ou mais áreas, como a leitura, a escrita, a matemática, ou o comportamento (Fuchs; Fuchs; Compton, 2012; Machado; Almeida, 2014; Shaywitz; Morris; Shaywitz, 2008). Nesse processo são aplicadas, para todos os alunos, provas de realização breve, nomeadamente provas de monitoramento com base no currículo (Vaz; Martins; Correia, 2017).

Diferentemente das avaliações tradicionais utilizadas nas escolas, realizar o monitoramento do progresso por meio da fluência significa realizar avaliações de uma forma rápida e fácil para obter informações sobre o progresso dos alunos (Basso *et al.*, 2019). Com dados obtidos com frequência, conforme especificado neste capítulo, os professores podem analisar seus desempenhos na fluência para ajustar metas e revisar instruções em leitura que podem ser adaptadas para melhor se adequar as necessidades dos alunos (Fuchs; Fuchs, 2006). Normalmente, se utilizam normas de referência para comparar os estudantes, ou pode-se ter um ponto de corte com a medida de fluência de leitura oral para definir o critério de risco de dificuldades, podendo apresentar pontos de corte como o percentil 25, conforme estudo de Klingbeil *et al.* (2015), ou o percentil 30 de acordo com Morris *et al.* (2017), por exemplo.

Ressalta-se aqui que a medida de fluência de leitura não deve ser utilizada como a única pontuação de corte, mas devem-se ser consideradas outras medidas para classificar os estudantes como de risco ou não (Johnson; Jenkins; Petscher, 2010)

Nestas avaliações de monitoramento é possível observar que à medida que as crianças amadurecem, muitas vezes ocorrem compensações que resultam em uma leitura relativamente precisa, mas não fluente. A consciência desse padrão de desenvolvimento é extremamente importante para o diagnóstico em crianças mais velhas, adolescentes e até mesmo adultos. As crianças disléxicas mais velhas podem parecer ter um desempenho razoavelmente bom em um teste de leitura ou decodificação de palavras. No entanto, nesses testes, normalmente os escores são medidos independentemente de quanto tempo leva para o indivíduo responder ou se os erros iniciais na leitura são corrigidos posteriormente. Por isto, os testes de fluência de leitura - que avaliam com que rapidez e precisão palavras e textos são lidos - ou seja, testes que avaliam a taxa de leitura devem ser os pilares de uma avaliação e um diagnóstico preciso da dislexia (Shaywitz; Morris; Shaywitz, 2008).

DIFICULDADES APRESENTADAS NO ENSINO FUNDAMENTAL II E ENSINO MÉDIO

Tanto no Brasil quanto em países como os Estados Unidos (O'Connor, 2018), os conhecimentos sobre fluência em leitura não alcançam a profundidade necessária com relação aos escolares com transtornos de leitura, especialmente nos anos finais do Ensino Fundamental e no Ensino Médio, quando este é um ponto fundamental para a construção da literacia disciplinar (PNA, 2019). Embora tenhamos evidências nos estudos brasileiros de correlação entre fluência e compreensão leitora (Martins; Capellini, 2014; Alves; Reis; Pinheiro, 2015), pouco se tem aprofundado os estudos desta relação entre os leitores inábeis (*poor readers*) e aqueles com dislexia.

Sabemos que os leitores com dislexia normalmente podem chegar aos Anos Finais do Ensino Fundamental e até mesmo ao Ensino Médio, mesmo após o processo de intervenção terapêutica, com problemas de fluência leitora. Eles aprenderam mecanismos compensatórios para aprimorar a decodificação e realizar o reconhecimento automático das palavras, mas normalmente podem apresentar a leitura ainda lenta e laboriosa (O'Connor, 2018). Desta forma, uma estratégia sugerida para esta faixa etária é não incentivar o aumento da velocidade de leitura além daquela que os escolares necessitam para acessar a compreensão do texto lido.

Os estudos de Alves *et al.* (2018) e Lira *et al.* (2017) confirmam que os adultos com dislexia, mesmo após o processo de intervenção, ainda apresentam a velocidade de leitura (taxa e acurácia) aquém daquela observada por seus pares. Assim, é importante desenvolvermos estratégias de ajuda aos escolares com dislexia especialmente nos Anos Finais do Fundamental e no Ensino Médio, de forma a minimizar tal impacto, sobretudo na habilidade de compreensão do material lido para que eles atinjam a vida adulta com melhor proficiência na leitura.

CONSIDERAÇÕES FINAIS

Este capítulo apresentou brevemente o contexto da fluência de leitura na realidade do ensino brasileiro buscando-se documentos oficiais para tal. Discutiu-se também sobre a importância de se avaliar a fluência de leitura no quadro da dislexia e as formas que pode ser medida no sistema educacional desde o início do processo de alfabetização, além das possíveis dificuldades e desafios que estudantes com dislexia podem enfrentar em cada ciclo do ensino escolar. Desta forma, o capítulo dá subsídios para que o professor saiba não só como avaliar a fluência de leitura, observar e analisar os resultados, mas também a importância de voltar seu olhar para esta habilidade que é de extrema importância no diagnóstico precoce, prevenção e posteriormente instrução adequada para as dificuldades com o aprendizado da leitura que estudantes com dislexia possam apresentar. Por fim, no quadro abaixo encontra-se um *check list* com o resumo das dificuldades que os estudantes podem apresentar em relação à fluência de leitura nos diferentes ciclos de escolaridade.

Durante a alfabetização	**Dificuldades em:** Reconhecer as letras do alfabeto Estabelecer relação entre as letras e os sons (grafema-fonema) Reconhecer de forma rápida e automática as palavras mais frequentes
1.º e 2.º anos do EF	Leitura imprecisa, laboriosa e lenta Leitura segmentada Normalmente não conseguem acessar o significado Não imprimem expressividade
3.º ao 5.º anos do EF	Velocidade de leitura lenta Uso inadequado das pausas durante a leitura Falta de expressividade durante a leitura Dificuldades de compreensão leitora
EF II e EM	Velocidade de leitura lenta Dificuldades de compreensão leitora

Quadro 1 – Check list das dificuldades relacionadas à fluência leitora nos ciclos de vida do estudante com dislexia

Fonte: Elaborado pelas autoras.
Legenda: EF: Ensino Fundamental; EM: Ensino Médio

REFERÊNCIAS

ALVES, L. M.; MARTINS, M. A. Fluência de leitura. *In:* CAPELLINI, S. A.; GERMANO, G. D.; OLIVEIRA, S. T. (org.). **Fonoaudiologia educacional [recurso eletrônico]**: alfabetização em foco. São Paulo: Sociedade Brasileira de Fonoaudiologia, Brasília: Conselho Federal de Fonoaudiologia, 2020. p. 55-72.

ALVES, L. M.; CELESTE, L. C. Escala de Percepção de Fluência Leitora. **Revista Formação Docente**, v. 11, n. 2, p. 195-204, 2019. DOI: 10.15601/f@d.v11i2.2091

ALVES, L. M.; MOOJEN, S. M. P.; NAVAS, A. L.; CELESTE, L. C. Parâmetros prosódicos na leitura de adultos com e sem diagnóstico de dislexia. *In:* ALVES, L. M.; MOUSINHO, R.; CAPELLINI, S. A. **Dislexia**: novos temas, novas perspectivas. Rio de Janeiro: Wak, 2018. v. 4.

ALVES, L. M.; NAVAS, A. L. Fluência de leitura e a dislexia do desenvolvimento. *In:* SALLES, J. F., NAVAS, A. L. **Dislexias do desenvolvimento e adquiridas**. São Paulo: Pearson, 2017. p. 261-274.

ALVES, L. M.; REIS, C.; PINHEIRO, A. M. V. Prosody and reading in dyslexic children. **Dyslexia**, v. 21, n. 1, p. 35-49, 2015. DOI: http://dx.doi.org/10.1002/dys.1485.

ALVES, L. M. **A prosódia na leitura da criança disléxica**. Orientador: César Augusto da Conceição Reis. 2007. 283 f. Tese (Doutorado em Linguística) – Faculdade de Letras, Universidade Federal de Minas Gerais, Belo Horizonte, Minas Gerais, 2007.

APA. American Psychiatric Association. **Manual de Diagnóstico e Estatística de Distúrbios Mentais DSM-5.** Porto Alegre: Artmed, 2014.

BASSO, F. P.; PICCOLO, L. R.; MINÁ, C. S.; SALLES, J. F. de. Instrumento de Avaliação da Fluência de Leitura Textual: da decodificação à compreensão de leitura. **Letras de hoje: estudos e debates em linguística, literatura e língua portuguesa**, v. 54, n. 2, p. 146-153, 2019.

BATISTA, M.; PESTUN, M. S. V. (2019). The RTI Model as a prevention strategy for learning disorder. **Psicologia Escolar e Educacional**, v. 23, e205929, 2019. DOI: https://dx.doi.org/10.1590/2175-35392019015929.

BRASIL. **PNA**: Política Nacional de Alfabetização/Secretaria de Alfabetização. – Brasília: Ministério da Educação, Secretaria de Alfabetização, 2019.

BRASIL. Ministério da Educação. **Base Nacional Comum Curricular**. Brasília: Ministério da Educação, 2017.

CAPOVILLA, A. G. S.; JOLY, M. C. R. A.; FERRACINI, F.; CAPARROTTI, N. B.; CARVALHO, M. R.; RAAD, A. J. Estratégias de leitura e desempenho em escrita no início da alfabetização. **Psicologia Escolar e Educacional**, v. 8, n. 2, p. 189-197, 2004. DOI: https://dx.doi.org/10.1590/S1413-85572004000200007.

CARDOSO-MARTINS, C.; NAVAS, A. L. O papel da fluência de leitura de palavras no desenvolvimento da compreensão da leitura: um estudo longitudinal. **Educar em Revista**, v. 62, p. 17-32, 2016. DOI: https://dx.doi.org/10.1590/0104-4060.48307.

FUCHS, D.; FUCHS, L. S. Introduction to Response to Intervention: What, why, and how valid is it? **Reading Research Quarterly**, v. 41, n. 1, p. 93–99, 2006. DOI: https://doi.org/10.1598/RRQ.41.1.4.

FUCHS, D.; FUCHS, L. S.; COMPTON, D. L. Smart RTI: A Next-Generation Approach to Multilevel Prevention. **Exceptional children**, v. 78, n. 3, p. 263–279, 2012. DOI: https://doi.org/10.1177/001440291207800301.

FUMAGALLI, J.; BARREYRO, J. P.; JAICHENCO, V. La evaluación de la fluidez lectora: medidas subjetivas y objetivas. **Cuadernos de Neuropsicología**, v. 14, n. 1, p. 78-87, 2020.

JOHNSON, E. S.; JENKINS, J. R.; PETSCHER, Y. Improving the Accuracy of a Direct Route Screening Process. **Assessment for Effective Intervention**, v. 35, n. 3, p. 131–140, 2010. DOI: https://doi.org/10.1177/1534508409348375.

KAWANO, C. E.; KIDA, A. de S. B.; CARVALHO, C. A. F.; ÁVILA, C. R. B. de. Parâmetros de fluência e tipos de erros na leitura de escolares com indicação de dificuldades para ler e escrever. **Revista da Sociedade Brasileira de Fonoaudiologia**, v. 16, n. 1, p. 9-18, 2011. DOI: 10.1590/S1516-80342011000100004.

KIM, Y. S.; WAGNER, R. K.; FOSTER, E. Relations Among Oral Reading Fluency, Silent Reading Fluency, and Reading Comprehension: A Latent Variable Study of First-Grade Readers. **Scientific studies of reading: The official journal of the Society for the Scientific Study of Reading**, v. 15, n. 4, p. 338–362, 2011. DOI: 10.1080/10888438.2010.493964.

KLINGBEIL, D. A.; MCCOMAS, J. J.; BURNS, M. K.; HELMAN, L. Comparison of predictive validity and diagnostic accuracy of screening measures of reading skills. **Psychology in the Schools**, v. 52, n. 5, p. 500-514, 2015. DOI: https://doi.org/10.1002/pits.21839.

KUHN, M. R.; SCHWANENFLUEGEL, P. J.; MEISINGER, E. B. Aligning Theory and: Automaticity, Prosody, and Definitions of Fluency. **Reading Research Quarterly**, v. 45, n. 2, p. 230–251, 2010.

LALAIN, M.; ESPESSER, R.; GHIO, A.; LOOZE, C. de; REIS, C.; MENDONCA-ALVES, L. Prosodie et lecture: particularités temporelles et mélodiques de l'enfant dyslexique en lecture et en narration. **Rev Laryngol Otol Rhinol**, v. 135, n. 2, p. 71-82, 2014.

LIRA, L.; PAZETO, N.; MOUSINHO, R.; PERES, S. Investigação da sensibilidade de instrumentos de avaliação de habilidades fonológicas, leitura e escrita para adultos disléxicos. **Revista NBC**, v. 7, n. 13, p. 61-80, 2017.

MACHADO, A. C.; ALMEIDA, M. A. O modelo RTI - Resposta à intervenção como proposta inclusiva para escolares com dificuldades em leitura e escrita. **Revista Psicopedagogia**, v. 31, n. 95, p. 130-143, 2014. Disponível em: http://pepsic.bvsalud.org/scielo.php?script=sci_arttext&pid=S0103-84862014000200006&lng=pt&tlng=pt. Acesso em: 19 jan. 2021.

MARTINS, M. A.; CAPELLINI S. A. Fluência e compreensão da leitura em escolares do 3º ao 5º ano do ensino fundamental. **Estudos de Psicologia**, v. 31, n. 4, p. 499-506, 2014.

MENDONÇA, R. F. F.; MARTINS, A. P. L. Identificação de alunos em risco de apresentarem dislexia: um estudo sobre a utilização da monitorização da fluência de leitura num contexto escolar. **Revista Brasileira de Educação Especial**, v. 20, n. 1, p. 09-20, 2014. DOI: https://dx.doi.org/10.1590/S1413-65382014000100002

MORRIS, D.; TRATHEN, W.; GILL, T.; SCHLAGAL, R.; WARD, D.; FRYE, E. M. Assessing Reading rate in the primary grades (1–3), **Reading Psychology**, v. 38, n. 7, p. 653-672, 2017. DOI: 10.1080/02702711.2017.1323057.

NORTON, E. S.; WOLF, M. Rapid automatized naming (RAN) and reading fluency: implications for understanding and treatment of reading disabilities. **Annual review of psychology**, v. 63, p. 427–452, 2012._DOI: https://doi.org/10.1146/annurev-psych-120710-100431.

O'CONNOR, R. E. Reading fluency and students with reading disabilities: how fast is fast enough to promote reading comprehension? **Journal of Learning Disabilities**, v. 51, n. 2, p. 124–136, 2018.

OZERNOV-PALCHIK, O.; GAAB, N. Tackling the 'dyslexia paradox': reading brain and behavior for early markers of developmental dyslexia. Wiley interdisciplinary reviews. **Cognitive science**, v. 7, n. 2, p. 156–176, 2016. DOI: https://doi.org/10.1002/wcs.1383.

PAZETO, T. C. B.; LEÓN, C. B. R.; SEABRA, A. G. Avaliação de habilidades preliminares de leitura e escrita no início da alfabetização. **Revista Psicopedagogia**, v. 34, n. 104, p. 137-147, 2017.

SCHATSCHNEIDER, C.; TORGESEN, J. K. Using our current understanding of dyslexia to support early identification and intervention. **Journal of child neurology**, v. 19, n. 10, p. 759–765, 2004. DOI: https://doi.org/10.1177/08830738040190100501

SHAYWITZ, S. E.; MORRIS, R.; SHAYWITZ, B. A. The education of dyslexic children from childhood to young adulthood. **Annual review of psychology**, v. 59, p. 451–475, 2008. DOI: https://doi.org/10.1146/annurev.psych.59.103006.093633.

JÚNIOR SILVA, D. J.; CIDRIM, L.; ROAZZI, A. MADEIRO, F. Versão digital do teste de Nomeação Automática Rápida (RAN): uma contribuição para detectar precocemente problemas de leitura em crianças. **Revista CEFAC**, v. 21, n. 1, e2518, 2019. DOI: https://doi.org/10.1590/1982-0216/20192112518.

STEVENS, E. A.; WALKER, M. A.; VAUGHN, S. The effects of reading fluency interventions on the reading fluency and reading comprehension performance of elementary students with learning disabilities: A synthesis of the research from 2001 to 2014. **Journal Of Learning Disabilities**, v. 50, n. 5, p. 576-590, 2016. DOI: http://dx.doi.org/10.1177/0022219416638028.

TINDAL, G.; NESE, J. F. T.; STEVENS, J. J.; ALONZO, J. Growth on oral reading fluency measures as a function of special education and measurement sufficiency. **Remedial and Special Education**, v. 37, p. 28–40, 2016. DOI: 10.1177/0741932515590234.

VAZ, P. M. F.; MARTINS, A. P. L.; CORREIA, L. M. Monitorização do progresso do aluno na identificação de risco na leitura. **Cadernos de Pesquisa**, v. 47, n. 164, p. 612-630, 2017. DOI: https://doi.org/10.1590/19805314.

ESTRATÉGIAS PARA LEITURA E COMPREENSÃO LEITORA PARA ESCOLARES COM DISLEXIA NO ENSINO FUNDAMENTAL I E II

Vera Lúcia Orlandi Cunha

Adriana Marques de Oliveira

A fim de construir o significado de um texto, identificar e resolver problemas durante o processo de leitura, bem como confirmar se estão compreendendo o material impresso, o leitor deve usar de estratégias cognitivas e metacognitivas. Os alunos com dificuldades na compreensão de leitura podem apresentar prejuízos em tais tarefas. Por isso, este capítulo apresenta estratégias para leitura e compreensão para escolares com dislexia no Ensino Fundamental I e II, com o objetivo de facilitar o processo de compreensão de leitura.

INTRODUÇÃO

A leitura é um processo interativo que consiste em habilidades de baixo e alto nível e requer que o leitor monitore a compreensão ao mesmo tempo em que lida com o texto. A interação entre estratégias de baixo e alto nível podem melhorar a compreensão de leitura (Harris, 2007; Razi; Grenfell, 2021).

Ler exige acessar, rápida e eficientemente, informações do texto e integrá-las entre si e ao conhecimento prévio do leitor para alcançar um sentido e construir conhecimento (Kida; Carvalho; Ávila, 2012). Para isso, é necessário que o leitor alcance a compreensão profunda do texto, que é o objetivo primordial da leitura. Entretanto, o alcance deste objetivo está na dependência do incremento de diversas habilidades importantes para o processo da compreensão, consideradas preditoras para o desenvolvimento dessa competência. São consideradas preditoras por predizer tal desenvolvimento, ou seja, se essas habilidades estiverem bem desenvolvidas, a possibilidade de a leitura ser realizada de forma eficaz, com fluência e compreensão, é muito maior.

Segundo Mousinho, Brilhante e Mesquita (2018), as habilidades preditoras podem ser classificadas em dois níveis:

HABILIDADES DE BAIXO NÍVEL:

- **Precisão de leitura**: a precisão ou acurácia é a primeira etapa para a compreensão de leitura. Como nosso sistema de escrita é o alfabético, as unidades gráficas representam as menores unidades sonoras da língua (fonemas). Dessa forma, o desenvolvimento da consciência fonológica é fundamental para a correspondência grafema/fonema, garantindo a realização da decodificação com acurácia e precisão.

- **Memória operacional**: permite armazenar a informação fonológica de forma ordenada. Ela é fundamental para a compreensão do sentido global do texto, pois garante a retenção das unidades de significado menores. Permite reter os sons decodificados em ordem para a obtenção do sentido das palavras, dessas para o sentido da frase, sucessivamente até a obtenção do sentido do texto como um todo. A memória operacional é considerada o suporte para a integração das frases. É ela que determina o significado de elementos anafóricos e contribui para a realização das inferências e monitoramento.

- **Velocidade de leitura**: extremamente relevante para a compreensão, visto que a leitura deve ser realizada com a automatização do reconhecimento da palavra. Sua relação é mais estreita no início da escolarização, dado que se a leitura for realizada de forma segmentada ocorrerá a sobrecarga da memória operacional. Posteriormente, ao realizar a leitura de forma mais automatizada, os recursos cognitivos, antes empregados na decodificação, serão direcionados para o processo da compreensão.

- **Prosódia:** diz respeito aos aspectos acústicos da fala como ritmo, entonação (variação melódica), pausa, duração e velocidade. São pontos considerados importantes na leitura para que se compreenda a intenção do autor. Ao dominar os aspectos prosódicos do texto, o leitor consegue estabelecer os significados que vão além do significado lexical, por meio da identificação da sintaxe do texto.
- **Vocabulário:** o vocabulário deve ser pensado em termos de quantidade e profundidade. Portanto, não basta conhecer um grande número de palavras, é necessário conhecer os diversos significados que uma palavra pode ter, bem como as variações do significado da palavra conforme o contexto em que se encontra.

HABILIDADES DE ALTO NÍVEL:

- **Vinculação de frases:** O desenvolvimento da consciência sintática é importante para entender a relação entre as palavras dentro e entre as frases. Portanto, o conhecimento da estrutura sintática, assim como o conhecimento dos elementos de coesão e do uso de conectivos que determinam a forma com que as frases se relacionam entre si é essencial para a construção de unidades com significado e para a realização de inferências.
- **Memória de longo prazo:** está relacionada ao conhecimento do significado das palavras, de diversos tipos de textos e ao conhecimento de mundo em geral. Pode ser dividida em episódica e semântica. A memória episódica diz respeito à recordação de experiências pessoais ou eventos, associados a um tempo ou lugar específico; já a semântica, está relacionada aos conhecimentos acerca das palavras, linguagem e símbolos, seus significados, relações e regras de uso, independentemente de tempo ou lugar. O contato com a língua escrita possibilita a memorização dos padrões ortográficos, morfológicos e sintáticos que são acessados durante a leitura e é a partir da memória episódica que ocorrerá a possibilidade da apreensão de novos conceitos.
- **Inferências:** processo pelo qual é estabelecida uma relação entre informações não explícitas (lendo ou ouvindo) com o conhecimento de mundo, podendo ser de coesão local e coerência

global. A coesão local se refere à inferência lexical e à inferência pronominal, que envolvem relacionar palavras e frases no texto entendendo que sinônimos e pronomes são recursos de referenciação anafóricos. Já a coerência global, diz respeito à união de diferentes partes do texto ao modelo mental em construção.

- **Monitoramento:** diz respeito à percepção durante a leitura de possíveis falhas e suas correções. Monitorar o processo de leitura envolve identificar as consistências do material lido e utilizar estratégias de leitura e compreensão para recuperar as falhas durante o processo. O monitoramento da compreensão de leitura requer processos cognitivos como a atenção e a memória. Cabe destacar que, no início da alfabetização, tais recursos estão voltados à decodificação. Portanto, estudos apontam a importância do ensino das estratégias para facilitar o processo de compreensão de leitura.
- **Conhecimento da estrutura do texto:** refere-se ao conhecimento da estrutura de cada tipo de texto. Reconhecer a estrutura do texto facilita a retenção das informações, favorecendo a construção do modelo mental. Estudos indicam que o conhecimento da estrutura da narrativa antes da alfabetização favorece a compreensão de histórias ouvidas ou assistidas, sendo um preditor da capacidade de compreensão.
- **Previsão textual:** relacionada à memória de longo prazo e ao conhecimento da estrutura do texto, otimiza o uso de recursos cognitivos tornando a leitura mais fluente, favorecendo a compreensão. Por exemplo, na sentença *"O café estava...."* restringe-se a busca no inventário lexical para que a frase faça sentido.
- **Linguagem figurada:** abarca os seguintes processos mentais: projeção, refere-se ao uso de um elemento de um domínio para representar um de outro domínio, por exemplo: "O camisa dez fez o gol do Brasil"; mesclagem, importante para a compreensão de metáforas, que combina informações de dois campos que não tem relação entre si, como pode ser observada na sentença *"O amor afundou"* e, mudança de enquadre, fundamental para o entendimento de piadas e estruturas contrafactuais em que é necessário se colocar em outro ponto de vista, por exemplo: *"se eu fosse ...."* (Mousinho; Brilhante; Mesquita, 2018).

DISLEXIA E AS ESTRATÉGIAS PARA COMPREENSÃO DE LEITURA

A dislexia do desenvolvimento (doravante conhecida como dislexia) é um transtorno específico de aprendizagem de origem neurobiológica. Lyon, Shaywitz e Shaywitz (2003) destacam que a evidência neurobiológica dos sistemas de leitura estão presentes em todos os disléxicos, em todos os idiomas e culturas e não pode ser atribuída simplesmente a má leitura. Apresenta como manifestação dificuldades com o reconhecimento preciso e/ou fluente de palavras, ortografia e decodificação. Tais dificuldades, normalmente, resultam de um déficit no componente fonológico da linguagem. A consciência de que as palavras faladas podem ser separadas em fonemas e que as letras de uma palavra escrita representam esses sons está ausente em crianças e em adultos disléxicos (Lyon; Shaywitz; Shaywitz, 2003).

Lyon, Shaywitz e Shaywitz (2003) destacam que é fundamental a compreensão de que as dificuldades fonológicas levam a problemas de precisão e fluência, o que pode levar a problemas de vocabulário e de conhecimento prévio. Isso afetará diretamente a compreensão de leitura e, provavelmente, reduzirá a experiência leitora (APA, 2014; Beelen *et al.*, 2019; Lyon; Shaywitz; Shaywitz, 2003; Peterson; Pennington, 2015; Richlan, 2019; Snowling, 2004).

Além das dificuldades apresentadas nos subcomponentes do processamento fonológico (consciência fonológica, acesso lexical e memória verbal de curto prazo) (Peters; Op De Beeck; Smedt, 2020), alterações associadas às Funções Executivas (FE) também são descritas em escolares com dislexia (Altemeier; Abbot; Berninger, 2008; Locascio *et al.*, 2010; Meri; Fatah; Horowitz-Kraus, 2020).

Segundo Rimrodt *et al.* (2009), as dificuldades de Funções Executivas em crianças com dislexia têm contribuído para seus desafios na compreensão da leitura. Em seu estudo, os autores revelam que escolares com dislexia exercem mais esforço durante a compreensão da frase, visto que depende fortemente de regiões associadas à atenção e à seleção de respostas. Pureza *et al.* (2015) também afirmam que crianças e adolescentes com dificuldades específicas de compreensão de leitura apresentaram prejuízos em Funções Executivas, mais precisamente na habilidade de planejamento e organização.

Pureza *et al.* (2015) referiram estudos que apontaram capacidades da Função Executiva como a inibição, flexibilidade cognitiva e a memória de trabalho como componentes de base para outras habilidades como o raciocínio, a resolução de problemas, a organização e o planejamento. A partir da adolescência, ocorre maior participação das FE que permitem o planejamento e a execução de diferentes estratégias para obter a compreensão, são elas:

- conhecer a forma de organização de cada estrutura textual a fim de categorizar conteúdos e elaborar esquemas que permitam assimilar e acessar informações;
- identificação do objetivo do texto (persuadir, entreter, informar, argumentar, etc);
- delinear o objetivo da leitura. Apresentar uma visão geral sobre o tema, leitura analítica para uma compreensão profunda, leitura crítica para interpretação do texto;
- selecionar e utilizar de estratégias de facilitação, retenção e recuperação de informações, como identificar e marcar pontos importantes do texto, anotar observações no texto.

Dessa forma, o leitor proficiente deve ser capaz de:

- monitorar as informações do texto;
- monitorar o raciocínio formado a partir das informações que o texto traz;
- autoavaliar o desempenho durante a leitura.

A AVALIAÇÃO DA COMPREENSÃO DE LEITURA

Para compreender um texto escrito, os leitores se envolvem em processos de decodificação no nível da palavra, aplicando seu conhecimento linguístico e, também, analisam as características e estruturas do discurso e integram seus esquemas com o que aprendem com textos escritos para a construção do sentido. A compreensão de leitura inclui uma análise mais profunda do texto por meio da interpretação, avaliação e síntese de informações (Fox; Alexander, 2009; Mcvee; Dunsmore; Gavelek, 2005; Ruddell; Unrau, 2013; Song; Na; Kwon, 2020). Nesse sentido, é importante saber em qual dos processos envolvidos na compreensão ocorreu uma interrupção ou uma falha.

Quando ocorrem dificuldades na compreensão da leitura, é necessário identificar em qual instância desse processo houve a ruptura da compreensão para que, assim, seja possível caracterizar os diferentes prejuízos observados nos transtornos da leitura (Kida *et al.*, 2012) e planejar ações interventivas. Essa ruptura pode ocorrer no processamento das informações locais; na construção da coerência global e/ou na generalização do conteúdo veiculado pelo texto lido (Carvalho; Kida; Ávila, 2015). Dessa forma, é necessário a aplicação de procedimentos específicos de avaliação da compreensão leitora que averíguem as habilidades envolvidas em cada um desses processos.

ESTRATÉGIAS PARA LEITURA E COMPREENSÃO DE LEITURA

O uso de estratégias cognitivas e metacognitivas tem por objetivo facilitar o processo de compreensão de leitura. O leitor proficiente deve saber fazer uso delas para poder construir o significado de um texto, monitorar e avaliar o seu processo de compreensão e identificar e resolver problemas durante todo o processo, bem como confirmar se está compreendendo o material lido. Para que o leitor possa fazer uso de tais estratégias, as quais devem ser conscientes, ele precisa não estar dedicado à etapa de decodificação (Meri *et al.*, 2020; Song *et al.*, 2020).

Song *et al.* (2020) afirmam que uma importante estratégia a ser utilizada na leitura é ler com um objetivo. A leitura com objetivo, segundo os autores, influencia na seleção e coordenação das estratégias de compreensão ao longo do processo de leitura.

Em estudo apresentado por Oliveira (2015), são apontadas várias estratégias para a intervenção com a compreensão de leitura, dentre elas a produção de inferências, uso de imagens mentais, ensino recíproco, treino de ambiguidades (piadas e charadas) e a abordagem de múltiplos componentes.

A seguir, serão descritas cada uma dessas estratégias de acordo com Oliveira (2015). A estratégia de produção de inferências se refere às atividades em que são ensinadas explicitamente ao escolar o comportamento intencional de construção de inferências utilizando três passos: treinamento lexical (visando o aumento do vocabulário e conhecimento sobre os conceitos), geração de questões e predição.

O treinamento lexical visa o aumento do vocabulário e conhecimento sobre os conceitos com o objetivo de favorecer as conexões entre as partes do texto e deste com os conhecimentos prévios. Para isso, os escolares devem procurar palavras-chave em sentenças e avaliar a informação conduzida por elas (função e significado)

A geração de questões envolve perguntas feitas ao escolar e outras elaboradas por ele. Como por exemplo perguntas envolvendo questões básicas da narrativa, que são: Quem? O quê? Como? Onde? Por quê?

Na predição, parte do texto é encoberta e o estudante tenta descobrir que informação pode vir a seguir, ocorrendo a discussão sobre a viabilidade das predições. Na estratégia de uso de imagens mentais, os escolares devem aprender a pensar com imagens enquanto leem um texto, ou a relacionar desenhos (ou ilustrações) com as partes lidas da história. Esse tipo de estratégia suscita mais acertos em perguntas literais, inferenciais e descritivas, favorecendo a integração das informações, sua manutenção na memória e, dessa forma, a geração de inferências.

O ensino recíproco se refere à uma técnica de instrução que visa a construção conjunta do sentido do texto por meio de diálogos entre os escolares e o instrutor. São aplicadas quatro atividades: resumo das ideias principais, elaboração de perguntas, clarificação de ambiguidades e predição. Durante a discussão, os escolares respondem e formulam perguntas até que alcancem um sentido do texto e então é realizado o resumo das ideias principais. Na clarificação, são verificadas palavras e conceitos utilizando estratégias como o uso do contexto para inferir o significado. Na predição, o instrutor fornece várias hipóteses para serem testadas pelos escolares, ou então, o instrutor fornece pistas do texto para que os escolares formulem suas hipóteses.

O treino de ambiguidades para a compreensão de piadas e charadas requer que o escolar construa duas representações que são conflitantes, fazendo a concepção simultânea das duas e a mudança de uma para outra, incluindo também atividades de busca e definição de palavras de duplo sentido.

A abordagem de múltiplos componentes envolve três abordagens: Compreensão de Textos (CT), Compreensão Oral (CO) e Combinado (COM).

A abordagem CT envolve o mapeamento de histórias, treinamento de inferências, metacognição (incluindo imagens mentais) e ensino recíproco. A abordagem CO envolve a compreensão e produção da linguagem oral, mapeamento de histórias, incremento do vocabulário e uso de linguagem figurativa (incluindo piadas e charadas). Essa estratégia se baseia na concepção de que as dificuldades de compreensão leitora podem estar relacionadas a uma dificuldade de compreensão oral. A abordagem combinada inclui todos os componentes de CT e CO.

Para este capítulo, vamos apresentar exemplos de estratégias para o trabalho com textos expositivos, visto que são textos das mais diversas disciplinas curriculares e que os escolares necessitam compreender para ocorrer a absorção de novos conhecimentos e consequentemente a aprendizagem.

Inicialmente, vamos trabalhar com um texto do nível do Ensino Fundamental I (Apêndice A), intitulado "quantas espécies de lagartos existem no Brasil e onde eles moram?". É importante lembrar que a mediação do professor ou do terapeuta é fundamental durante todo o processo de aplicação das atividades, a fim de conduzir o escolar, deixando-o mais seguro até que vá aos poucos adquirindo sua autonomia.

A atividade será iniciada dividindo o texto em parágrafos e numerando-os, conforme pode ser observado no quadro abaixo.

Texto 1: ...quantas espécies de lagartos existem no Brasil e onde eles moram?

(Paulo Passos e Pedro Pinna)

Parágrafo 1

"Os lagartos são répteis. E são reconhecidas cerca de 11 mil espécies de répteis no mundo. O Brasil está em 3.º lugar com aproximadamente 800 espécies, das quais cerca de 760 formam o grupo dos chamados répteis escamados, que inclui anfisbenas, lagartos e serpentes. É difícil definir o número de espécies de lagartos brasileiros porque estes animais não formam um grupo natural. Vamos entender melhor..."

Parágrafo 2

"Embora o corpo coberto por escamas e as patas formem a imagem mais comum que temos dos lagartos, alguns subgrupos desses animais também apresentam redução ou mesmo perda completa de patas. Por isso, podem ser mais parecidos com as anfisbenas e serpentes do que com os lagartos clássicos. Mas, vamos à resposta: considerando os répteis escamados tradicionalmente reconhecidos como lagartos, o Brasil tem atualmente cerca de 280 espécies, sendo que, em média, cinco novas espécies são descobertas a cada ano no país."

Parágrafo 3

"Essas espécies podem apresentar hábitos de vida muito diferentes, havendo lagartos cavadores (que vivem na terra), semiaquáticos (que vivem na terra e na água) ou arborícolas (que vivem em cima das árvores). Estes animais são encontrados em praticamente todo o Brasil (exceto nos mares), mas podem viver em ambientes de água doce, como rios e lagos, ou até em ambientes desérticos, como dunas e restingas. Tanto nas florestas com baixas ou elevadas altitudes, quanto em ambientes abertos como nos Pampas, Cerrado ou Caatinga, eles estão presentes! Até mesmo nas cidades, sabe aquelas lagartixas-de-parede? São lagartos e podem estar agora na sua casa!"

As fim de exemplificar as estratégias aqui propostas, elas serão aplicadas no parágrafo um. Todas as tarefas propostas devem ser repetidas em cada um dos parágrafos.

ATIVIDADES

Antes de iniciar as atividades, é necessário que o escolar leia o texto todo e depois releia cada parágrafo para executar as atividades.

A) EXEMPLO DE APLICAÇÃO DA ESTRATÉGIA DE PRODUÇÃO DE INFERÊNCIAS

1. TREINAMENTO LEXICAL

Para essa atividade, os escolares devem verificar as palavras que não conhecem e tentar descobrir seu significado pelo contexto. Caso não consigam, devem procurar no *Google,* ou em dicionário físico, a fim de verificar qual significado está adequado ao contexto no qual a palavras está inserida, analisando o sentido da frase. O aplicador deve questionar o escolar em relação a isso e verificar se está fazendo sentido ou não.

2. GERAÇÃO DE QUESTÕES

Nessa atividade, o escolar deve responder e elaborar perguntas com as informações contidas no texto. Por exemplo, para o parágrafo 1, podem ser realizadas perguntas como:

- Quantas espécies de répteis são conhecidas no mundo?
- Quantas espécies de répteis existem no Brasil?
- Quais são as espécies de répteis que encontramos no Brasil?
- Quais as diferenças entre esses répteis?
- Por que esses animais não formam um grupo natural?

3. PREDIÇÃO

Diante das informações apresentadas, anteriormente, o que você acha que o texto vai falar sobre esses répteis?

B) EXEMPLO DE APLICAÇÃO DA ESTRATÉGIA DE USO DE IMAGENS MENTAIS

Para essa atividade podemos pedir que os escolares pesquisem na internet imagens desses répteis e que descreva as diferenças e semelhanças entre eles.

C) EXEMPLO DE APLICAÇÃO DA ESTRATÉGIA DE ENSINO RECÍPROCO

1. RESUMO DAS IDEIAS PRINCIPAIS

Nessa atividade, o escolar deve verificar junto com o aplicador quais são as principais informações que o parágrafo traz. O aplicador deve conduzir o escolar a descobrir essas informações por meio de perguntas e depois colocar essas informações em um quadro intitulado "Parágrafo 1".

2 ELABORAÇÃO DE PERGUNTAS

O aplicador deve fazer perguntas sobre as informações coletadas no parágrafo trabalhado e verificar a retenção que o escolar fez dessas informações. Se o escolar apresentar dificuldade na evocação das respostas, consultar o quadro que foi preenchido com as informações.

3. CLARIFICAÇÃO DE AMBIGUIDADES E PREDIÇÃO

Nessa atividade, devem ser verificadas palavras e conceitos utilizando o contexto para inferir o significado, testando o sentido que a palavra está fazendo. Isso é especialmente importante quando se trabalha com textos narrativos, como piadas e charadas.

Na predição, o aplicador verifica com os escolares se as hipóteses fornecidas a eles ou levantadas por eles vão se confirmar ou não ao longo da leitura.

D) EXEMPLO DE APLICAÇÃO DA ESTRATÉGIA DE RESUMO

Na atividade do resumo, deve ser detectada a ideia central de cada parágrafo, fazendo a relação entre as ideias de todos eles a fim de chegar à macroestrutura global do texto, obtendo assim a ideia central do texto como um todo.

Ao final das atividades, os escolares terão a possibilidade de verificar o que entenderam do texto, o que é necessário rever, reler ou procurar informação. Também devem ser capazes de associar as informações do texto com seus conhecimentos prévios e identificar se as informações importantes ou não do material lido foram retidas. Estas são estratégias de metacognição que o escolar necessita saber empregar a fim de obter a compreensão profunda do texto.

Todas as atividades propostas podem ser empregadas com os textos do Ensino Fundamental II também, da mesma forma que foram realizadas no texto anterior. Essas atividades são direcionadas à utilização dos processos cognitivos de nível superior ou alto nível, fundamentais para que a compreensão se realize. No Apêndice B, apresenta-se indicação de texto para o Ensino Fundamental II.

CONSIDERAÇÕES FINAIS

Este capítulo abordou várias estratégias para o trabalho com a leitura e, especialmente, com a compreensão de leitura. As abordagens apresentadas foram relacionadas às habilidades preditoras e aos níveis básico e complexo das Funções Executivas envolvidas principalmente na compreensão de leitura. Habilidades e funções que devem estimuladas no escolar com dislexia.

Por exemplo, as atividades de nível básico das Funções Executivas como a inibição é empregada ao focar a atenção na atividade a ser executada e inibi-la sobre outras informações que não serão utilizadas naquele momento. A flexibilidade é utilizada para verificar se a hipótese levantada ou o conceito está adequado e se não estiver, procurar aquele que seja mais apropriado. A memória de trabalho retém as informações anteriores para integrá-las com as posteriores.

Enquanto que as atividades de nível complexo, como o raciocínio, dizem respeito àquelas em que o escolar deve confirmar ou não o que faz sentido e integrar as informações textuais com seus conhecimentos prévios, já a resolução de problemas refere-se à busca da informação apropriada ao contexto e a integração adequada entres as informações. Para que estas atividades sejam executadas, é necessário que haja organização e planejamento da ordem das atividades e das estratégias adequadas para aplicá-las (Pureza *et al.*, 2015).

REFERÊNCIAS

ALTEMEIER, L. E.; ABBOTT, R. D.; BERNINGER, V. W. Executive functions for reading and writing in typical literacy development and dyslexia. **Journal of**

Clinical and Experimental Neuropsychology, v. 30, n. 5, p. 588–606, 2008. DOI:10.1080/13803390701562818

APA. American Psychiatric Association. **Manual diagnostic e estatístico de transtornos mentais**: DSM-V. Porto Alegre: Artmed, 2014.

BEELEN, C.; VANDERAUWERA, J.; WOUTERS, J.; VANDERMOSTEN, M.; GHESQUIÈRE, P. Atypical gray matter in children with dyslexia before the onset of reading instruction. **Cortex**, v. 121, p. 399–413, 2019. DOI:10.1016/j.cortex.2019.09.010

CARVALHO, C. A. F.; KIDA, A. S. B.; ÁVILA, C. R. B. A compreensão leitora em uma perspectiva evolutiva. *In:* MOUSINHO, R.; ALVES, L. M.; CAPELLINI, S. A. (eds.), **Dislexia**: Novos temas, novas perspectivas. v. III. Rio de Janeiro: Wak, 2015. p. 181-192.

FOX, E.; ALEXANDER, P. A. Text comprehension: A retrospective, perspective, and prospective. *In:* ISRAEL, S. E.; DUFFY, G. G. (eds.). **Handbook of research on reading comprehension**. New York, NY: Routledge, 2009. p. 227-239.

HARRIS, V. Exploring progression: Reading and listening strategy instruction with near-beginner learners of French. **Language Learning Journal**, v. 35, n. 2, p. 189–204, 2007. DOI:10.1080/09571730701599229

KIDA, A. S. B.; CARVALHO, C. A. F.; ÁVILA, C. R. B. (2012). Avaliação da compreensão nos diversos transtornos de leitura. *In:* CAPELLINI, S. A.; SAMPAIO, M. N.; OLIVEIRA, A. M. (eds.). **Tópicos em Transtornos de Aprendizagem Parte II**: Ênfase na perspectiva interdisciplinar. São José dos Campos-SP: Pulso, 2012. p. 83-94.

LOCASCIO, G.; MAHONE, E. M.; EASON, S. H.; CUTTING, L. E. Executive dysfunction among children with reading comprehension deficits. **Journal of Learning Disabilities**, v. 43, n. 5, p. 441–454, 2010. DOI:10.1177/0022219409355476

LYON, G. R.; SHAYWITZ, S. E.; SHAYWITZ, B. A. Defining Dyslexia, Comorbidity, Teachers' Knowledge of Language and Reading A Definition of Dyslexia. **Annals of Dyslexia**, v. 53, n. 1, p. 1–14, 2003.

MCVEE, M. B.; DUNSMORE, K.; GAVELEK, J. R. Schema theory revisited. **Review of Educational Research**, v. 75, n. 4, p. 531–566, 2005.

MERI, R.; FARAH, R.; HOROWITZ-KRAUS, T. Children with dyslexia utilize both top-down and bottom-up networks equally in contextual and isolated word reading. **Neuropsychologia**, v. 147, 107574, 2020. DOI: 10.1016/j.neuropsychologia.2020.107574.

MOLINA, E. M. **Ciência Hoje das Crianças (CHC)**. 2019. Disponível em: http://chc.org.br/artigo/quero-saber-296/. Acesso em: 17 jun. 2023.

MOUSINHO, R.; BRILHANTE, S.; MESQUITA, F. (2018). Habilidades preditoras para a compreensão de leitura. *In:* MOUSINHO, R.; ALVES, L. M.; CAPELLINI, S. A. (eds.), **Dislexia**: Novos temas, novas perspectivas. v. IV. Rio de Janeiro: Wak Editora, 2018. p. 83-98.

OLIVEIRA, R. M. Intervenções para melhorar dificuldades específicas de compreensão leitora. *In:* MOUSINHO, R.; ALVES, L. M.; CAPELLINI, S. A. (eds.), **Dislexia**: Novos temas, novas perspectivas. v. III. Rio de Janeiro: Wak Editora, 2015. p. 219-232.

PASSOS, P.; PINNA, P. **Ciência Hoje das Crianças (CHC)**. 2019. Recuperado de http://chc.org.br/artigo/quero-saber-296.

PETERS, L.; OP DE BEECK, H.; DE SMEDT, B. Cognitive correlates of dyslexia, dyscalculia and comorbid dyslexia/dyscalculia: Effects of numerical magnitude processing and phonological processing. **Research in Developmental Disabilities**, v. 107, 103806, 2020. DOI: 10.1016/j.ridd.2020.103806.

PETERSON, R. L.; PENNINGTON, B. F. Developmental dyslexia. **Annual Review of Clinical Psychology**, v. 11, p. 283–307, 2015. DOI: 10.1146/annurev-clinpsy-032814-112842.

PUREZA, J. R.; JACOBSEN, G. M.; SIQUEIRA, L. S.; GONÇALVES, H. A.; CARDOSO, C. O. FONSECA, R. P. Funções Executivas: fundamentos teóricos e implicações clínicas e educacionais. *In:* MOUSINHO, R.; ALVES, L. M.; CAPELLINI, S. A. (eds.). **Dislexia**: Novos temas, novas perspectivas. v. III. Rio de Janeiro: Wak Editora, 2015. p. 103-122.

RAZI, O.; GRENFELL, M. J. Strategy-Instruction and strategy clustering in the development of young learners' reading skills. **System**, v. 97, 102430, 2021. DOI: 10.1016/j.system.2020.102430

RICHLAN, F. The functional neuroanatomy of letter-speech sound integration and its relation to brain abnormalities in developmental dyslexia. **Frontiers in Human Neuroscience**, v. 13, p. 1–8, 2019. DOI: 0.3389/fnhum.2019.00021.

RIMRODT, S. L.; CLEMENTS-STEPHENS, A. M.; PUGH, K. R.; COURTNEY, S. M.; GAUR, P.; PEKAR, J. J.; CUTTING, L. E. Functional MRI of sentence comprehension in children with dyslexia: Beyond word recognition. **Cerebral Cortex**, v. 19, n. 2, p. 402–413, 2009. DOI: 10.1093/cercor/bhn092.

RUDDELL, R. B.; UNRAU, N. J. Reading as a motivated meaning-construction process: The reader, the text, and the teacher. *In:* ALVERMANN, D. E.; UNRAU, N. J.; RUDDELL, R. B. (eds.), **Theoretical models and processes of reading**. 6. ed. Newark, DE: International Reading Association, 2013. p. 1015-1067.

SNOWLING, M. J. **Dislexia**. 2. ed. São Paulo: Livraria Santos Editora Ltda, 2004.

SONG, K.; NA, B.; KWON, H. J. A comprehensive review of research on reading comprehension strategies of learners reading in English-as-an-additional language. **Educational Research Review**, v. 29, 100308, 2020. DOI: 10.1016/j.edurev.2019.100308.

APÊNDICE A

...quantas espécies de lagartos existem no Brasil e onde eles moram?

(Paulo Passos e Pedro Pinna)

Os lagartos são répteis. E são reconhecidas cerca de 11 mil espécies de répteis no mundo. O Brasil está em 3.º lugar com aproximadamente 800 espécies, das quais cerca de 760 formam o grupo dos chamados répteis escamados, que inclui anfisbenas, lagartos e serpentes. É difícil definir o número de espécies de lagartos brasileiros porque estes animais não formam um grupo natural. Vamos entender melhor...

Embora o corpo coberto por escamas e as patas formem a imagem mais comum que temos dos lagartos, alguns subgrupos desses animais também apresentam redução ou mesmo perda completa de patas. Por isso, podem ser mais parecidos com as anfisbenas e serpentes do que com os lagartos clássicos. Mas, vamos à resposta: considerando os répteis escamados tradicionalmente reconhecidos como lagartos, o Brasil tem atualmente cerca de 280 espécies, sendo que, em média, cinco novas espécies são descobertas a cada ano no país.

Essas espécies podem apresentar hábitos de vida muito diferentes, havendo lagartos cavadores (que vivem na terra), semiaquáticos (que vivem na terra e na água) ou arborícolas (que vivem em cima das árvores). Estes animais são encontrados em praticamente todo o Brasil (exceto nos mares), mas podem viver em ambientes de água doce, como rios e lagos, ou até em ambientes desérticos, como dunas e restingas. Tanto nas florestas com baixas ou elevadas altitudes, quanto em ambientes abertos como nos Pampas, Cerrado ou Caatinga, eles estão presentes! Até mesmo nas cidades, sabe aquelas lagartixas-de-parede? São lagartos e podem estar agora na sua casa!

Referência: Passos, P., & Pinna, P. 2019). *CHC - Ciência Hoje das Crianças*. Recuperado de http://chc.org.br/artigo/quero-saber-296

APÊNDICE B

...quando foi criado o primeiro *videogame*?

Essa não é uma pergunta muito fácil de responder. Mas vamos ver! O primeiro jogo que rodou em um computador, e foi desenvolvido para divertir, foi o *Tennis for Two*, apresentado em uma tela de osciloscópio (uma caixa retangular com uma tela, que parecia um rádio antigo), em 1958. Antes disso, em 1952, já havia sido desenvolvido um jogo para computador tipo "jogo da velha", mas para fins de pesquisas e estudos, o OXO. Ele só podia ser jogado no computador da Universidade de Cambridge, no Reino Unido, e foi criado para estudar a interação entre o ser humano e o computador.

Em 1962, o jogo *Spacewar* foi desenvolvido para rodar em um recém-criado computador do Instituto de Tecnologia de Massachusetts (MIT), nos Estados Unidos. Existiam alguns computadores parecidos no mundo, de forma que o jogo se espalhou muito rapidamente e em pouco tempo pôde ser encontrado em qualquer instituição de pesquisa que possuísse um computador na época. Era um joguinho com duas naves próximas a uma estrela (e, portanto, atraídas por seu campo gravitacional) que atiravam uma em direção à outra e podiam ser controladas por meio de propulsores (tecnologia que dá impulso). Com o passar do tempo o jogo foi ganhando melhorias, pois todo bom programador queria dar sua contribuição ao projeto. Você ainda pode jogar *Spacewar* pela internet.

O primeiro *videogame* comercial, tipo Arcade ou Fliperama, como é conhecido no Brasil, para ser jogado inserindo uma moeda em uma máquina, foi *Computer Space*, lançado em novembro de 1971.O jogo consistia em um foguete, pilotado pelo jogador, batalhando contra dois discos voadores em um fundo estrelado, inspirado no *Spacewar*, cujos criadores fundaram posteriormente a famosa Atari.

O primeiro *videogame* para ser utilizado em um aparelho comum de TV foi o *Magnavox Odyssey*, lançado nos EUA em setembro de 1972, que possuía 28 jogos.

Hoje existe uma infinidade de jogos que você, certamente, deve conhecer, para TV, celular e telas de computador... Pode até me dar umas dicas!

Referência: Molina, E. M. (2019). *CHC - Ciência Hoje das Crianças*. Recuperado de http://chc.org.br/artigo/quero-saber-296/

MANEJO DO ESCOLAR COM DISLEXIA EM CONTEXTO EDUCACIONAL

Alessandra Gotuzo Seabra

Ariane Cristina Ramello de Carvalho

Camila León

Glauce Conti de Freitas

O capítulo destaca a relevância do professor na identificação dos principais sinais da dislexia no contexto escolar. Aborda, ainda, as possíveis atuações que podem favorecer a aprendizagem, em termos comportamentais, motivacionais e em relação à linguagem escrita no período da alfabetização e nas séries posteriores. Aponta, por fim, estratégias escolares, em termos de acomodações, que são possíveis de serem realizadas em sala de aula.

INTRODUÇÃO

O professor tem um papel importante na detecção de alunos com dislexia. Pelo fato de as crianças passarem boa parte de seu tempo na escola e os professores serem os principais oportunizadores de tarefas escolares, é crucial que estes saibam identificar sinais do transtorno para que possam fazer as intervenções adequadas e, assim, favorecer o aprendizado dessas crianças. Por este motivo, este capítulo se dedica em abordar o papel do professor na identificação e intervenção em quadro de dislexia. Neste capítulo, inicialmente é apresentada a definição de dislexia, seus critérios diagnósticos e as principais dificuldades escolares apresentadas por alunos no Ensino Fundamental I e II, com o intuito de auxiliar na identificação desses alunos e encaminhamento adequado. Em um segundo momento, é abordada a intervenção que pode ser feita pelos professores dos anos escolares voltados à alfabetização e dos anos posteriores. São apresentadas estratégias de ensino e também acomodações possíveis de serem conduzidas com crianças diagnosticadas com dislexia.

O QUE É DISLEXIA?

A dislexia é um transtorno específico de aprendizagem, de origem neurobiológica, caracterizado por dificuldades persistentes nas habilidades de leitura. As dificuldades não são atribuíveis, exclusivamente, por condições médicas, sensoriais e/ou educacionais (APA, 2014). São expressas, mais especificamente, na acurácia e na velocidade de reconhecimento das palavras e no processo de decodificação fonológica, combinadas com baixas habilidades de soletração. Os comprometimentos observados nas dislexias são, comumente, resultados de déficit no componente fonológico que acometem de modo discrepantes em relação às outras habilidades cognitivas e as práticas educacionais oferecidas. As dificuldades podem se manifestar nos primeiros anos escolares ou mesmo em anos mais tardios, período em que há o aumento das demandas de aprendizagem, e provocam interferências significativas no desempenho acadêmico, bem como nas atividades cotidianas (IDA, 2017).

PRINCIPAIS DIFICULDADES DE ESCOLARES COM SUSPEITA DE DISLEXIA EM CONTEXTO EDUCACIONAL

Alguns sinais e sintomas são mais bem identificados no dia a dia da criança com dislexia por meio de seu contato com tarefas que exigem leitura e escrita. O momento de sala de aula é oportuno para que os professores identifiquem essas dificuldades, uma vez que contam com uma turma de alunos da mesma faixa etária como referência para avaliação do desempenho em tarefas que requerem essas habilidades. Quando os professores falham em identificar os sintomas da dislexia, isso interfere no nível de suporte oferecido e manejo adequado das dificuldades de leitura. Por esta razão, é importante os professores se aprofundarem com relação ao assunto e desenvolverem habilidades tanto para identificarem, possibilitando o encaminhamento para avaliação diagnóstica especializada, quanto para intervirem com crianças disléxicas no ambiente escolar (Muin; Riyanto; Wibowo, 2020).

Nas fases iniciais da aprendizagem da linguagem escrita, um forte preditor de problemas de aprendizagem é a dificuldade acentuada no reconhecimento de letras (Lyytinen *et al.*, 2015). Além disso, as crianças de risco tendem a apresentar dificuldades na capacidade de processar os sons de uma palavra e organizá-los sequencialmente, o que pode interferir na consciência fonológica, isto é, na capacidade de identificar e manipular os sons da língua oral. Outro sinal, já quando as crianças estão no Ensino Fundamental, é a lentidão no reconhecimento das palavras escritas, bem como a ocorrência de dificuldade para sequenciar corretamente as letras para formar uma palavra, com erros frequentes na escrita por troca de posição das letras ou por omissão (Lyytinen *et al.*, 2015). Pessoas com dislexia tendem a cometer erros ortográficos que claramente indicam que alguns sons não foram processados adequadamente (Herbert *et al.*, 2018). É importante destacar que tais dificuldades devem estar presentes apesar de instruções adequadas oferecidas pelos professores. Mais adiante, abordaremos as instruções de alfabetização de forma mais detalhada e sua influência sobre a aquisição da linguagem escrita.

Um estudo feito por Melby-Lervåg, Lyster e Hulme (2012) revelou que a ortografia de crianças e adolescentes com dislexia, entre 5 e 16 anos, apresenta dificuldades importantes, muitas das quais podem estar relacionadas aos prejuízos na consciência fonológica. Ainda, Silva *et al.* (2020) verificaram que crianças de 7 a 12 anos com dislexia apresentaram um déficit claro na habilidade de nomeação automática rápida (capacidade de nomear e identificar o máximo de palavras, números ou objetos o mais rápido possível, dentro de um tempo curto), tanto de estímulos alfanuméricos como não alfanuméricos, quando comparadas com crianças típicas. Araújo e Faísca (2019) verificaram que estas dificuldades são relativamente estáveis ao longo do desenvolvimento. Ou seja, características observáveis pelos professores, em sala de aula, podem estar relacionadas às dificuldades cognitivas subjacentes à dislexia, como déficits em consciência fonológica e na velocidade de nomeação.

Destacam-se, também as dificuldades frequentemente observadas com a memória. Pode haver prejuízo na memória de curto-prazo relacionada a componentes fonológicos da linguagem. Em termos de memória de trabalho, relacionada à capacidade de processar ativa e temporariamente tanto informações visuais (bloco visuoespacial) quanto auditivas (alça fonológica) para a realização de operações mentais, o componente mais afetado é o da alça fonológica (Silva; Capellini, 2013). Este componente da memória de trabalho ajuda os alunos a manterem ativas as informações auditivas e verbais durante o uso da informação e influencia tanto a leitura quanto a escrita. Falhas nestas habilidades de memória prejudicam os alunos na representação da informação fonológica com precisão. Em consequência, os alunos com dislexia podem não ser capazes de armazenar muitas informações fonológicas simultaneamente. Portanto, essas crianças podem apresentar maior dificuldade na decodificação e codificação de palavras e frases longas, devido a uma sobrecarga nos sistemas de memória fonológica (Baddeley, 2011; Herbert *et al.*, 2018).

No Ensino Fundamental e Médio, a dificuldade de ortografia continua associada à dificuldade de leitura dos primeiros anos escolares, o que reforça a necessidade de identificação e intervenção precoces. De fato, dificuldades com fluência e os problemas com a ortografia permanecem fortes ao longo do tempo (Herbert *et al.*, 2018).

Visto o impacto da dislexia na vida da criança, os professores têm um papel fundamental em reconhecer e saber lidar com alunos com dislexia de modo apropriado. Nem sempre, porém, professores do Ensino Fundamental tiveram, em seus cursos de graduação em Pedagogia, formação adequada sobre o assunto, por exemplo, devido à escassez de disciplinas sobre Neuropsicologia (Muniz; Silva; Coutinho, 2013). Logo, tais professores acabam não desenvolvendo competências e habilidades para lidar com alunos com dislexia (Astalini *et al.*, 2019).

ATUAÇÃO DO PROFESSOR EM TERMOS COMPORTAMENTAIS

O professor pode contribuir significativamente na aquisição e desenvolvimento das habilidades linguísticas, prejudicadas nas crianças com dislexia, porém seu papel vai mais além, incluindo o ensino de táticas para enfrentar as limitações oriundas do transtorno e a promoção de habilidades socioemocionais, que são essenciais ao processo de aprendizagem.

As intervenções realizadas pelo professor são individualizadas, mas algumas estratégias podem otimizar o desenvolvimento. Desta forma, o professor pode atuar promovendo situações nas quais a criança não só identifique as suas limitações e aptidões, mas que desenvolva sentimentos positivos sobre si, que se sinta valorizada pelo seu esforço, encorajada a buscar novas estratégias de aprendizagem, que sinta curiosidade e interesse pelo processo de aprendizagem e ainda, que desenvolva a responsabilidade e autoconfiança. O professor pode fazer isso, por exemplo, destacando os aspectos positivos na leitura e escrita da criança, ressaltando seus acertos, ainda que pequenos, valorizando o esforço, incentivando e elogiando a criança por outras conquistas, não só as acadêmicas.

Como estratégias para promoção dessas habilidades, o professor pode criar, por exemplo, fichas com recompensas para outras tarefas, além daquelas que envolvam a leitura e a escrita, para que assim a criança tenha a oportunidade de ser recompensada em outras situações; desenvolver atividades nas quais a criança tenha a possibilidade de se interessar e se destacar em outras áreas, por exemplo, a música, arte e o teatro ou ainda, elaborar projetos nos quais a criança possa participar ativamente e se envolver, assumindo responsabilidades e assim desenvolvendo a autonomia (IDA, 2017).

Algumas dessas intervenções podem ocorrer em situações de grupo, possibilitando que a criança se sinta acolhida e respeitada pelos colegas e amplie importantes aptidões socioemocionais como a autoconfiança, a tolerância a frustração e a situações de *stress,* habilidades essenciais para enfrentar as dificuldades provenientes da dislexia. É importante destacar que professores devem evitar sugerir que o aluno é lento, preguiçoso ou pouco inteligente, bem como deve evitar comparar o seu trabalho escrito aos de seus colegas (Chahda, 2008).

ATUAÇÃO DO PROFESSOR EM RELAÇÃO À LINGUAGEM ESCRITA NO PERÍODO DA ALFABETIZAÇÃO

Apesar da dislexia ter base neurofuncional, sua expressão depende de diversos fatores ambientais, que incluem, por exemplo, o tipo de ortografia ao qual a criança está exposta e o tipo de instruções de alfabetização que ela recebe durante a aprendizagem de leitura e escrita. Logo, é fundamental que o professor conheça a dislexia, seus sinais e possa saber orientar suas práticas pedagógicas conforme a necessidade do aluno, bem como fazer o encaminhamento a outros profissionais sempre que necessário,

Em ortografias alfabéticas transparentes, ou seja, em que as correspondências entre letras e sons são regulares, os disléxicos apresentam basicamente dificuldades fonêmicas. Segundo Verhoeven e

Keuning (2018), as ortografias transparentes são mais facilmente aprendidas pelos disléxicos do que as ortografias opacas, provavelmente porque esta transparência promove um desenvolvimento mais sistemático da consciência fonêmica. Assim, em ortografias transparentes, o código grafofonêmico é mais rapidamente desenvolvido e sua aplicação promove maior sucesso do que em ortografias irregulares, facilitando a aquisição e o domínio da linguagem escrita.

Já em relação às instruções de alfabetização, estudos sugerem que instruções que fomentem o desenvolvimento da consciência fonêmica e ensinem de forma explícita e sistemática as correspondências entre letras e sons tendem a ser mais eficazes na alfabetização de alunos com dislexia, em relação a instruções mais globais que associam a palavra inteira ao significado, apesar da leitura pela rota lexical também ser relevante, especialmente em ortografias menos regulares, como o inglês (Mcarthur *et al.*, 2015). Duas instruções de alfabetização são especialmente indicadas para os indivíduos disléxicos: o ensino multissensorial e o ensino fônico.

O ensino multissensorial engloba diferentes modalidades sensoriais no ensino da linguagem escrita. Ao unir as modalidades auditiva, visual, cinestésica e tátil, esse método facilita a leitura e a escrita ao estabelecer a conexão entre aspectos visuais (a forma ortográfica da palavra), auditivos (a forma fonológica) e cinestésicos (os movimentos necessários para escrever aquela palavra). Maria Montessori foi uma das precursoras do método multissensorial. Ela defendia a participação ativa da criança durante a aprendizagem e o movimento era visto como um dos aspectos mais importantes da alfabetização. A criança devia, por exemplo, traçar a letra enquanto o professor dizia o som correspondente (Montessori, 1948). O método multissensorial é um dos procedimentos mais eficazes para crianças mais velhas, que apresentam problemas de leitura e escrita há vários anos e que possuem histórico de fracasso escolar. No Brasil, alguns exemplos de propostas multissensoriais são a cartilha de alfabetização da Associação Brasileira de Dislexia (Nico; Gonçalves, 2008) e o método das boquinhas (Jardini, 2003).

Já as instruções de alfabetização fônicas têm dois objetivos principais, desenvolver consciência fonológica e ensinar as correspondências grafofonêmicas (Seabra; Capovilla, 2010a, 2010b; Seabra; Dias, 2011; Zorzi, 2017). Tais habilidades usualmente estão rebaixadas na dislexia e podem ser fomentadas por meio de práticas em sala de aula. A estimulação explícita e sistemática de consciência fonológica pode ser realizada durante ou mesmo antes da alfabetização. Quando associada ao ensino das correspondências entre letras e sons, a instrução de consciência fonológica tem ainda mais efeito sobre a aquisição de leitura e escrita (*NATIONAL READING PANEL*, 2000).

Nas diretrizes da *British Dyslexia Association* para o ensino de crianças disléxicas, é recomendada a inclusão de atividades fônicas e multissensoriais. Um documento importante na área é o *e-book* "*Dyslexia in the classroom: What every teacher needs to know*" (IDA, 2017; versão traduzida em português disponível em https://lance.paginas.ufsc.br/materiais-para-download). Conforme esse documento, a alfabetização de crianças com dislexia ou com risco para o transtorno deve incluir seis aspectos: 1) consciência fonológica em seus vários níveis – rimas, sílabas, fonemas; 2) ensino das relações entre as letras e os sons, tanto na leitura quanto na escrita; 3) leitura e escrita no nível da sílaba, enquanto combinação de fonemas e grafemas; 4) morfologia, de modo a trabalhar com palavras-base, raízes, prefixos e sufixos; 5) sintaxe, analisando os princípios que regem a sequência e a função das palavras em uma frase; e 6) semântica, que se refere ao estudo dos significados das palavras. Tais pontos devem ser conduzidos de forma sistemática e progressiva, conforme as recomendações do documento (IDA, 2017).

ATUAÇÃO DO PROFESSOR EM RELAÇÃO À LINGUAGEM ESCRITA NAS SÉRIES POSTERIORES

Diferentemente das séries iniciais, em que o enfoque está na alfabetização e há evidências de métodos mais eficazes que podem auxiliar crianças com ou sem dificuldades, assim como as com risco ou com diagnóstico de dislexia, nas séries posteriores o desafio é maior. Biancarosa e Snow (2006) apontam duas razões para justificar tal desafio: 1. aumento da complexidade das habilidades de leitura e da escrita, como compreender e produzir textos, as quais dependem de habilidades mais básicas que deveriam estar automatizadas nas séries iniciais, e necessidade de uso dessas para aprender as demais disciplinas, e 2. diminuição da motivação dos adolescentes em comparação as crianças das séries iniciais para ler melhor ou ler na escola.

Antes de apresentar as estratégias de intervenção para séries posteriores recomendadas por especialistas, é importante ressaltar que ações de identificação e intervenção precoces, assim como de monitoramento das crianças de risco para dislexia desde a Educação Infantil são mais eficazes e econômicas, do que as de remediação - quando já há o diagnóstico (Slavin *et al.*, 2010).

Outro aspecto a ser destacado é o impacto do efeito Mateus na leitura com o aumento da complexidade e demanda desta habilidade nas séries posteriores. Ou seja, alunos com melhor desempenho na leitura nas séries iniciais terão mais chances de desenvolver outras habilidades associadas, como as linguísticas, de compreensão e cognitivas (Stanovich, 1993). Logo, alunos com dificuldades em leitura ou com dislexia sem a intervenção adequada podem, além de ter baixo desempenho acadêmico ao longo das séries escolares, se desmotivar em continuar os estudos impactando em outros aspectos da vida. De fato, há evidências de que indivíduos com dislexia tendem a aumentar as taxas de evasão escolar, de desemprego, de subempregos, de sofrimento psicológico e de diminuir o ingresso no ensino superior (APA, 2014).

Portanto, considerando a atuação do professor em relação à linguagem escrita nas séries posteriores, pode-se descrever duas situações: quando não há o diagnóstico e quando há. O relato de experiência de Brito, Seabra e Macedo (2018) exemplifica a primeira situação, na qual um professor do 5.º ano do Ensino Fundamental de uma escola pública de São Paulo, ao verificar que seus alunos não sabiam ler e escrever para acompanhar o currículo proposto para a série, decidiu implantar uma intervenção instrucional preventiva em habilidades acadêmicas básicas - como leitura, escrita e matemática, e suas respectivas preditoras, como consciência fonológica e senso numérico, por exemplo, a todos os alunos. Este tipo de intervenção realizada faz parte do Modelo de Resposta à Intervenção (da sigla em inglês RTI). O RTI é considerado um sistema universal de triagem e progressivos níveis de monitoramento e apoio aos alunos, pois auxilia a identificar alunos cujo desempenho encontra-se abaixo do esperado para a série e a idade, além de estimulá-las (*IES*, 2009). Geralmente possui três camadas, sendo que a primeira foi realizada nesse.

Ao longo de um ano letivo, a partir de avaliações realizadas em três momentos com os alunos, Brito, Seabra e Macedo (2018) delinearam estratégias de intervenção em habilidades acadêmicas básicas e suas respectivas preditoras. A intervenção ocorreu de forma coletiva, para todos os alunos, de três a cinco vezes por semana, com duração de 30 a 40 minutos no início das aulas. De uma maneira geral, os resultados sugeriram que os alunos evoluíram nas habilidades estimuladas pelo RTI e melhoraram na motivação escolar. Além, também contribuiu para identificar e encaminhar alunos que apresentaram desempenho inferior aos seus pares.

Dois materiais fornecem recomendações específicas para o ensino eficaz de leitura e escrita de alunos do Ensino Fundamental e Médio: *Reading Next* (BIANCAROSA; SNOW, 2006) e o *Writing Next* (GRAHAM; PERIN, 2007). Eles elencaram respectivamente 15 e 11 elementos para melhorar tais habilidades, os quais deveriam ser adotados pelas escolas, pensando na camada 1 do RTI.

E quando há o diagnóstico? Neste caso, a intervenção deve ser multidimensional, ou seja, o auxílio para o aluno disléxico superar suas dificuldades e compensar seus déficits deve ser prestado de maneira integrada entre a escola, a família e os terapeutas que o tratam fora da escola. Como para muitos disléxicos a aprendizagem escolar formal demanda grande esforço cognitivo e maior tempo para consolidação, o apoio de todos pode tornar a experiência menos frustrante e árdua. Uma das alternativas que a escola tem é proporcionar a flexibilização na forma de ensinar e de avaliar a aprendizagem do aluno disléxico (Corso *et al.*, 2017). No próximo tópico, tais aspectos serão abordados de maneira mais detalhada.

ACOMODAÇÕES ESCOLARES POSSÍVEIS

Além das instruções de alfabetização apropriadas para o indivíduo com dislexia, os professores podem usar outros procedimentos, que são chamados de acomodações. Nesse caso, a intenção não é desenvolver as habilidades que se encontram prejudicadas na dislexia, mas sim alterar o ambiente para que o aluno com dislexia consiga assimilar melhor as informações e expressar melhor seu conhecimento. Pode-se categorizar as acomodações em cinco áreas: 1. mudanças relacionadas ao tempo e duração de atividades; 2. desenvolvimento das atividades; 3. contexto; 4. tipos de respostas; e 5. apresentação do conteúdo, as quais serão descritas a seguir, baseadas em Chahda (2008) e na IDA (2017).

1. MUDANÇAS RELACIONADAS AO TEMPO E DURAÇÃO DE ATIVIDADES

As acomodações relacionadas ao tempo podem incluir várias flexibilizações, como mais tempo nas avaliações (20 a 30%), nas atividades em classe e para entrega de trabalhos, cuja dificuldade em questão esteja envolvida. Também se recomendam intervalos frequentes em atividades específicas de leitura e escrita ou em avaliações, além de mais tempo no empréstimo de livros da biblioteca.

2. DESENVOLVIMENTO DAS ATIVIDADES

Outro tipo de acomodação envolve alterações na forma como as atividades são desenvolvidas. Neste sentido, é possível permitir que o aluno grave a aula em áudio ou em vídeo e que use a calculadora, quando necessário.

O professor também deve oferecer algum tipo de organizador da informação durante a aula, como um esquema impresso, por exemplo, evitando atividades que exijam cópia da lousa/ slides. A apresentação de material escrito deve ser cuidadosa, com cabeçalhos destacados, letras claras, maior uso de diagramas e menor uso de palavras escritas. Em caso de escrita na lousa, recomenda-se dividir quadro em partes, numerá-los e usar cores diferentes nas linhas ou parágrafos para facilitar aos disléxicos.

No início da alfabetização, a escrita cursiva pode ser mais fácil do que a bastão para algumas crianças, pois auxilia a velocidade e a memorização da forma ortográfica da palavra. Também deve-se evitar dar várias regras de escrita numa mesma semana. Por exemplo, os vários sons do "c" ou do "g". Melhor dar listas de palavras com uma mesma regra para a criança aprender.

Por fim, o professor deve lembrar-se de fornecer *feedback* constante e sempre promover a autoestima dos alunos.

3. CONTEXTO

As modificações relacionadas ao contexto referem-se àquelas relacionadas ao ambiente escolar. Logo, devem ser acordadas previamente com o aluno disléxico para não gerar desconfortos. São exemplos de modificações de contexto: fazer prova em uma sala à parte ou em um grupo pequeno, sugerir assento preferencial na classe, geralmente próximo à professora, de modo que possa observá-la e encorajá-la a solicitar ajuda, e longe de portas e janelas, longe de distratores visuais ou auditivos.

O professor deve incentivar uso de agendas e outros tipos de registros visuais, oferecer espaço quadriculado para resolução de problemas que envolvam cálculos, em vez de espaço em branco, assim como oferecer linhas mais espaçadas em atividades, provas e registros de aula.

4. TIPOS DE RESPOSTAS

As habilidades e os conhecimentos do aluno disléxico devem ser julgados mais pelas respostas orais que escritas. Portanto, as escolas podem fazer inicialmente uma avaliação oral com a criança e, posteriormente, fazer uma avaliação escrita, de forma a poder analisar o desempenho nas duas situações. Em alguns casos, pode-se inclusive permitir o uso de tecnologias para auxiliar o aluno, como computadores com corretores ortográficos ou calculadoras.

Cada ponto do ensino deve ser revisto várias vezes. Mesmo que a criança esteja atenta à explicação, isso não garante que ela lembrará o que foi dito no dia seguinte. Uma dica é pedir, sempre que possível, para o aluno repetir, com suas próprias palavras, o que a professora pediu para ele fazer, pois isso ajuda a memorização.

Professores não devem solicitar para que o aluno leia em voz alta na frente da classe, assim como não devem esperar que ele use corretamente um dicionário para verificar como é a escrita correta das palavras. Tais habilidades de uso de dicionário devem ser cuidadosamente ensinadas.

5. APRESENTAÇÃO DO CONTEÚDO

As últimas dicas de acomodações dizem respeito às mudanças na forma de apresentar o material aos alunos, preferencialmente de maneira diferente da tradicional. Isso inclui mudanças de forma e de organização do conteúdo.

Para ajudar o professor a pensar em mudanças de forma, seguem algumas dicas: forneça livros falados ou vídeos; apresente as instruções oralmente e o material escrito com letras maiores; diminua o número de itens por página ou por linha e use indicadores visuais como desenhos, esquemas, cores diferentes.

Já em relação à organização do conteúdo, o professor deve:

- apresentar novas ideias ou conceitos explicitamente;
- fornecer sumário ou slides do novo tópico antes de iniciar a matéria (pode ser na aula anterior, para alunos lerem em casa);

- deixar claro quais são os objetivos e alvos de cada capítulo da matéria: informação essencial e complementar;
- listar os fatos principais de um conteúdo e numerá-los;
- evitar frases demasiadamente longas (faladas e escritas);
- dar instruções passo a passo;
- quebrar tarefas em partes menores;
- incentivar revisões frequentes do conteúdo; e
- buscar ensino multissensorial.

De uma maneira geral, para as acomodações serem bem sucedidas, o professor deve favorecer a metacognição dos alunos, ou seja, auxiliá-los na consciência das suas próprias forças e fraquezas de aprendizagem. A parceria entre professores e alunos disléxicos é essencial! Além disso, o apoio extraescolar como programas de tutoria, participação em *workshops* (ex.: habilidades de estudo, manejo de tempo, estratégias de aprendizagem), grupos de suporte em saúde mental (ex.: grupos de apoio) e aconselhamento profissional devem ser incentivados pelos professores a seus alunos.

CONSIDERAÇÕES FINAIS

O presente capítulo abordou o manejo de alunos com dislexia no contexto escolar. Como descrito, é fundamental que professores e outros educadores compreendam o que é a dislexia, suas características em diversos momentos da vida escolar dos alunos, de modo tanto a direcionar suas práticas pedagógicas conforme as necessidades específicas dos escolares, quanto a fazer encaminhamentos necessários. Em contexto escolar, os professores podem atuar diretamente em relação às características cognitivas e de aprendizagem da linguagem escrita e de outros conteúdos pelos alunos. A atuação varia conforme o nível escolar, com diretrizes mais específicas para o momento da aquisição da linguagem escrita, mas com instruções e acomodações possíveis em todos os níveis escolares. Adicionalmente, é importante que os professores compreendam que podem também atuar em termos comportamentais, emocionais e motivacionais em relação aos alunos com dislexia, visto que tais áreas podem estar prejudicadas em consequência às dificuldades primárias do quadro disléxico. Logo, o professor tem papel fundamental, tanto na identificação de sinais da dislexia, quanto na atuação em diferentes esferas da vida do aluno disléxico.

REFERÊNCIAS

ARAÚJO, S.; FAÍSCA, L. A meta-analytic review of naming-speed deficits in developmental dyslexia. **Scientific Studies of Reading**, v. 23, n. 5, p. 349–368, 2019. DOI: 10.1080/10888438.2019.1572758.

APA. Associação Americana de Psiquiatria. **Manual Diagnóstico e Estatístico de Transtornos Mentais**. 5. ed. Arlington, VA: American Psychiatric Publishing, 2014.

ASTALINI, A.; KURNIAWAN, D. A.; SULISTIYO, U.; PERDANA, R.; SUSBIYANTO, S. E-Assessment Motivation in Physics Subjects for Senior High School. **International Journal of Online and Biomedical Engineering**, v. 15, n. 9, p. 4-15, 2019. DOI: 10.3991/ijoe.v15i11.10843.

BADDELEY, A. Memória de Trabalho. *In:* BADDELEY, A.; ANDERSON, M. C.; EYSENCK, M. W. (org.). **Memória**. Porto Alegre: Editora Artmed, 2011. p. 54-82.

BIANCAROSA, C.; SNOW, C. E. **Reading next—A vision for action and research in middle and high school literacy**: A report to Carnegie Corporation of New York. 2. ed. Washington, DC: Alliance for Excellent Education, 2006,

CHADHA, A. **A guide to educating children with learning disabilities**. New Delhi: Vikas Publishing House Pvt Ltd, 2008.

CORSO, H. V. *et al.* As dislexias do desenvolvimento na sala de aula: prevenção, adaptação didático-pedagógica e intervenção educacional. *In:* SALLES, J. F. de; NAVAS, A. L. (org.). **Dislexias do desenvolvimento e adquiridas**. 1. ed. São Paulo: Pearson Clinical Brasil, 2017. p. 365-378.

GRAHAM, S.; PERIN, D. **Writing next**: Effective strategies to improve writing of adolescents in middle and high schools – A report to Carnegie Corporation of New York.Washington, DC: Alliance for Excellent Education, 2007.

HEBERT, M.; KEARNS, D. M.; HAYES, J. B.; BAZIS, P.; COOPER, S. Why Children with Dyslexia Struggle with Writing and How to Help Them. **Language, Speech, and Hearing Services in Schools**, v. 49, n. 4, p. 843–863, 2018. DOI: 10.1044/2018_LSHSS-DYSLC-18-0024.

IES. Institute of Education Sciences. **Assisting Students Struggling with Reading**: Response to Intervention (RTI) and Multi-Tier Intervention in the Primary Grades, 2009.

IDA. International Dyslexia Association. **Dyslexia in the classroom. What every teacher needs to know**, 2017. Disponível em: https://dyslexiaida.org/dyslexia--in-the-classroom/. Versão traduzida disponível em: https://lance.paginas.ufsc.br/materiais-para-download. Acesso em: 11 nov. 2020.

JARDINI, R. S. R. **Método das Boquinhas**: alfabetização e reabilitação dos distúrbios da leitura e escrita. São Paulo: Casa do Psicólogo, 2003.

LYYTINEN, H.; ERSKINE, J.; HÄMÄLÄINEN, J.; TORPPA, M.; RONIMUS, M. Dyslexia—Early Identification and Prevention: Highlights from the Jyväskylä Longitudinal Study of Dyslexia. **Current Developmental Disorders Report**, v. 2, p. 330–338, 2015. DOI: 10.1007/s40474-015-0067-1.

MCARTHUR, G.; CASTLES, A.; KOHNEN, S.; LARSEN, L.; JONES, K.; ANANDAKUMAR, T.; BANALES, E. Sight word and phonics training in children with dyslexia. **Journal of Learning Disabilities**, v. 48, n. 4, p. 391-407, 2015. DOI: 10.1177/0022219413504996

MELBY-LERVÅG, M.; LYSTER, S. A.; HULME, C. Phonological skills and their role in learning to read: a meta-analytic review. **Psychological Bulletin**, v. 138, p. 322–352, 2012. DOI: 10.1037/a0026744.

MONTESSORI, M. **The discovery of the child**. Madras: Kalakshetra, 1948.

MUIN, J. A.; RIYANTO; WIBOWO, S. B. Teacher Competencies for Dyslexia Students. Universal Journal of Educational Research, v. 8, n. 3, p. 904-908, 2020. DOI: 10.13189/ujer.2020.080322.

MUNIZ, M.; SILVA, L. C. da; COUTINHO, A. R. Análise de Planos de disciplinas relacionadas às neurociências, neuropsicologia e neuroeducação. **Trilhas Pedagógicas**, v. 3, n. 3, p. 103-118, 2013.

NATIONAL READING PANEL. **Teaching children to read**: an evidence-based assessment of the scientific research literature on reading and its implications for reading instruction. Washington: National Institute of Child Health and Human Development, 2000.

NICO, M. A. N.; GONÇALVES, A. M. S. **Facilitando a alfabetização multissensorial, fônica e articulatória**. 2. ed. São Paulo: Associação Brasileira de Dislexia, 2008.

SEABRA, A. G.; DIAS, N. M. **Métodos de alfabetização**: delimitação de procedimentos e considerações para uma prática eficaz. Psicopedagogia, v. 28, n. 87, p. 1-15, 2011.

SEABRA, A. G.; CAPOVILLA, F. C. **Alfabetização**: método fônico. 5. ed. São Paulo: Memnon, 2010a.

SEABRA, A. G.; CAPOVILLA, F. C. **Problemas de leitura e escrita**: como identificar, remediar e prevenir numa concepção fônica. 6. ed. São Paulo: Memnon, 2010b.

SILVA, P. B.; LAURENCE, P. G.; SIMI, L. G. V.; ABREU, P. M. J. E.; NICO, M. A. N.; TOMÁS, R. C.; MACEDO, E. C. Rapid Automatized Naming and Explicit Phonological Processing in Children with Developmental Dyslexia: A Study with Portuguese-Speaking Children in Brazil. **Frontiers in Psychology**, v. 11, n. 928, p. 1-13, 2020. DOI: 10.3389/fpsyg.2020.00928.

SILVA, C. DA; CAPELLINI, S. A. Desempenho de escolares com e sem transtorno de aprendizagem em leitura, escrita, consciência fonológica, velocidade de processamento e memória de trabalho fonológica. **Revista Psicopedagogia**, v. 30, n. 91, p. 3-11, 2013.

SLAVIN, R. E.; LAKE, C.; DAVIS, S.; MADDEN, N. A. **Educator's Guide**: Identifying What Works for Struggling Readers. Baltimore, MD: Johns Hopkins University, Center for Data-Driven Reform in Education, 2010.

STANOVICH, K. E. The construct validity of discrepancy definitions of reading disability. *In:* LYON, G. R.; GRAY, D.; KAVANAGH, J.; KRASNEGOR, N. (ed.). **Better understanding of learning disabilities**: New views from research and their implications for education and public policies. Baltimore, MD: Paul Brookes, 1993. p. 273-307.

VERHOEVEN, L.; KEUNING, J. The nature of developmental dyslexia in a transparent orthography. **Scientific Studies of Reading**, v. 22, n. 1, p. 7-23, 2018. DOI: 10.1080/10888438.2017.1317780.

ZORZI, J. L. **As letras falam**: metodologia para alfabetização – Manual de aplicação. São Paulo: Phonics Editora, 2017.

OPINIÃO DE PROFESSORES DE ESCOLARES DISLÉXICOS QUANTO ÀS HABILIDADES DE APRENDIZAGEM

Bianca Rodrigues dos Santos

Giseli Donadon Germano

Noemi Del Bianco

Ilària D'Angelo

Catia Giaconi

Simone Aparecida Capellini

INTRODUÇÃO

A dislexia é descrita como uma dificuldade da aprendizagem da leitura, a qual afeta de 5-12% de escolares (Norton; Beach, 2015). De acordo com Reid (2016), a dislexia é caracterizada por diferenças de processamentos individuais, frequentemente caracterizados pelas dificuldades apresentadas no início da alfabetização, comprometendo a aquisição da leitura, da escrita e da ortografia. O autor ainda destacou que dentre as suas manifestações, podem ocorrer dificuldades decorrentes de alterações nos processos cognitivos, fonológicos e/ou visuais.

Escolares com dislexia podem apresentar uma diversidade de manifestações dependendo de seus subtipos, que podem ser de base fonológica, visual ou mista (Facoetti *et al.*, 2003; Galaburda; Cestinick, 2003; Ramus *et al.*, 2003), porém independentemente destes subtipos, há a presença de alterações no mecanismo de conversão de letras em suas representações fonêmicas, acarretando lentidão na fluência de leitura e alterações na escrita ortográfica e caligráfica, compreensão de leitura e produção de texto.

Embora na literatura internacional (Wadlington; Wadlington, 2005; Snowling; Hulme, 2013; Washburn *et al.*, 2015) exista um consenso de que o papel do professor não é diagnosticar a dislexia, há a ideia de que os professores precisam ter uma mínima compreensão do que é a dislexia e suas manifestações, uma vez que o conhecimento específico de quais dificuldades os escolares com dislexia apresentam, pode auxiliar no desenvolvimento de estratégias educacionais específicas que podem minimizar o impacto destas alterações na aprendizagem acadêmica.

O professor tem um papel fundamental na trajetória escolar do escolar com dislexia, por isso as suas atitudes, as suas concepções e os seus conhecimentos sobre este diagnóstico podem contribuir para a identificação precoce, o planejamento eficaz de ensino e o encaminhamento para diagnóstico interdisciplinar quando estes escolares não respondem as intervenções específicas no ensino da leitura e da escrita.

De acordo com Rodhde *et al.*, (2000), as intervenções no âmbito escolar são muito importantes e, neste sentido, os professores deveriam ser orientados e terem conhecimentos sobre as necessidades especiais destes alunos para planejarem estratégias eficazes de ensino.

O conhecimento sobre a dislexia, as suas manifestações e as intervenções específicas são fundamentais para assegurar a estes escolares um adequado desenvolvimento acadêmico e socioemocional, e isto, certamente, poderá ser um facilitador do processo de aprendizagem acadêmico.

Segundo Stefanini; Cruz (2006) é importante que o professor conheça de uma maneira mais detalhada as causas dos problemas de aprendizagem dos escolares, e mais ainda, reflita especialmente sobre aquelas que dependem especificamente dele, enquanto docente.

Estudo realizado por Pereira *et al.* (2011) – com o objetivo de investigar o conhecimento prático-teórico sobre a dislexia do desenvolvimento em educadores das redes pública e privada - revelou que a maior parte dos educadores participantes deste estudo apresentavam conhecimento sobre a dislexia, o que lhes permitiu a identificação correta do conceito, suas principais características e as suas causas revelando que os educadores entrevistados possuíam conhecimento formativo sobre a dislexia do desenvolvimento, não obstante, buscavam frequentemente aprimorar esses conhecimentos, por meio de fontes diversificadas de informações. Para os autores, estes resultados reforçaram a necessidade da continuidade dos programas de orientações nas escolas e incentivos à formação continuada de professores.

Com o objetivo de investigar as concepções de professoras de Ensino Fundamental sobre as dificuldades escolares, o distúrbio de aprendizagem e a dislexia, as autoras Gonçalves e Crenitte (2014) realizaram um estudo com 31 professores do Ensino Fundamental de uma cidade do interior do estado de São Paulo. Os resultados revelaram, de maneira geral, que os professores participantes demonstraram dificuldades para definir os transtornos, atribuir suas causas e pontuar as manifestações dos mesmos. Quando separou-se os professores pelo tipo de escolas, pública e particular e pelo conhecimento prévio sobre o assunto, não foi observada diferença estatisticamente significante na maioria das respostas, o que possibilitou que as autoras concluíssem que as professores deste estudo possuíam carência em seu repertório conceitual no que se refere às dificuldades escolares, aos transtornos de aprendizagem e à dislexia, e, portanto, precisam de orientação em relação ao trabalho efetivo com estes alunos.

A partir dos resultados dos estudos acima apresentados, é possível observar que há uma divergência de achados quando se trata do conhecimento do professor sobre a dislexia e as suas manifestações e isto pode ser explicado pelo fato dos cursos de formação e capacitação sobre esta temática não serem obrigatórios, uma vez que a dislexia não se configura dentro da Política Nacional da Educação Especial.

Segundo a Política Nacional de Educação Especial na Perspectiva da Educação Inclusiva (Brasil, 2008), alunos com diagnósticos de deficiência intelectual e/ou Transtorno do Espectro Autista são parte do grupo que compõe as condições de Necessidades Educacionais Especiais, sendo atendidos então pela Educação Especial, não sendo contemplados alunos com dislexia e alunos com Transtorno do Déficit de Atenção e Hiperatividade (TDAH).

Segundo Lombardi *et al.* (2016), a Educação Inclusiva não tem ocorrido satisfatoriamente no Brasil porque apenas um público-alvo está sendo contemplado com os recursos definidos pelo MEC. Os autores apontaram ainda que para alguns quadros clínicos (cuja citação no documento do MEC não está clara, como a dislexia e o TDAH), o documento oferece margem para diferentes interpretações (Lombardi, 2013).

De acordo com Buzetti *et al.* (2021), os escolares com dislexia e com TDAH apresentam barreiras na aprendizagem persistentes por toda sua vida acadêmica, desta forma, são necessárias ações junto à equipe escolar no sentido de compartilhar estratégias que visem facilitar seu processo de transição pela vida acadêmica minimizando as dificuldades que ocorrerão durante este processo de ensino-aprendizagem.

Devido a diversidade dos achados na literatura sobre as concepções dos professores sobre a dislexia pelos professores do Ensino Fundamental I, e a necessidade de estudos que verifiquem a opinião de professores sobre os marcadores acadêmicos potenciais dessa população, é que este estudo, que será apresentado neste capítulo, foi delineado.

OBJETIVO

Este capítulo tem por objetivo caracterizar a opinião de professores de escolares com dislexia em questionário específico sobre as habilidades de aprendizagem.

MATERIAL E MÉTODO

Este estudo foi aprovado pelo Comitê de Ética em Pesquisa da Faculdade de Filosofia e Ciências da Universidade Estadual Paulista "Júlio de Mesquita Filho"- FFC/UNESP, Marília, São Paulo, sob o protocolo número 957.998.

Participaram deste estudo 74 professores, sexo feminino, de escolares com diagnóstico interdisciplinar de dislexia, de ambos os sexos, na faixa etária de 9 anos a 10 anos e 11 meses do 4.º e 5.º anos do Ensino Fundamental I.

Estes escolares foram diagnosticados a partir de avaliação interdisciplinar realizada no Laboratório de Investigação dos Desvios da Aprendizagem (LIDA) do Departamento de Fonoaudiologia da FFC/UNESP, Marília, São Paulo.

Os professores responderam ao Questionário sobre Habilidades de Aprendizagem (Capellini *et al.*, 2016), composto por seis itens:

1) habilidades de atenção (ex.: dificuldade em manter a atenção durante a realização de atividades escolares);
2) habilidades de processamento visual (ex.: dificuldade em copiar desenhos, formas e letras da lousa ou livro);
3) habilidades de processamento auditivo (ex.: atraso no desenvolvimento da fala),

4) habilidades de raciocínio lógico-matemático (ex.: dificuldade em fazer cálculos matemáticos);

5) habilidades motoras (ex.: dificuldade em atividades de coordenação motora fina ou grossa) e,

6) habilidades comportamentais (ex.: presença de comportamento agitado em a sala de aula e em casa).

O questionário foi preenchido por professores, sem a interferência da pesquisadora, sendo as respostas assinaladas em uma escala de 0 a 4 pontos (Escala de Likert), sendo que as respostas do questionário foram classificadas em "não sei", "nunca", "raramente", "algumas vezes", "frequentemente".

RESULTADOS

Os resultados foram analisados estatisticamente utilizando o *Statistical Package for Social Sciences*, em sua versão 22.0. Os resultados foram analisados estatisticamente com um nível de significância de 5% (0,050).

O Gráfico 1 indica a média da distribuição da opinião dos professores em relação a cada categoria, com a aplicação do teste Q-Quadrado, todos com resultados estatisticamente significante.

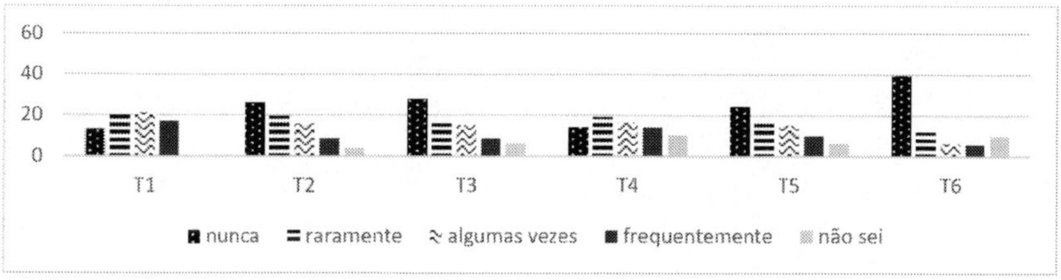

Gráfico 1 – Distribuição das frequências das opiniões dos professores para cada categoria do Questionário. Teste Q-Quadrado (*p<0,05*)

Fonte: Elaborado pelas autoras.

Os resultados apresentados no Gráfico 1 indicaram que os professores responderam "raramente" e "algumas vezes" para todas as categorias, exceto para a categoria 6 (comportamental), que a maioria das respostas foi "nunca".

Também foi possível verificar que houve também a indicação de "não sei" para todas as categorias, sugerindo que as habilidades de aprendizagem investigadas no questionário são de desconhecimento do professor como medida de análise para o comportamento de aprendizagem de seu aluno com dislexia.

DISCUSSÃO

Estudo (Dilnot *et al.*, 2016) realizado com o objetivo de comparar o poder preditivo de informações oriundas de pais e de professores indicaram que as respostas dos professores revelaram ser um forte preditor sobre as dificuldades de desempenho acadêmico, evidenciando queixas em relação ao processamento visual, auditivo, raciocínio lógico-matemático como mais impactante que outras habilidades no cenário educacional.

Os achados deste estudo identificaram falhas em habilidades de processamento auditivo e visual identificadas nos escolares disléxicos pelos professores, e isto pode ser a causa dos problemas de leitura destes escolares (Verhulst; Koot; Van Der Ende, 1994; Snowling *et al.*, 2018; Capellini *et al.*, 2016).

Além disso, na literatura (Carroll *et al.*, 2014), há a descrição de que as habilidades de fala, linguagem, processamentos auditivo e visual estão intimamente associadas à alfabetização e que crianças com dislexia tendem a apresentar déficits em cada uma dessas áreas desde os anos pré-escolares com maior impacto nos primeiros anos de alfabetização.

Os resultados deste estudo revelaram que as habilidades de aprendizagem investigadas no questionário não são desconhecidas pelos professores, porém não há formação específica destes professores para a observância destas habilidades no contexto de aprendizagem acadêmico do escolar com dislexia. Conforme descrito por Waslington; Wadlington (2005); Washburn *et al.*, (2015), é necessário o conhecimento específico dos professores sobre quais são as dificuldades dos escolares com dislexia para poder auxiliá-los no desenvolvimento da leitura e da escrita.

Para a real inclusão dos escolares com dislexia é necessário que ocorra formação de professores para o entendimento das manifestações da dislexia no contexto de aprendizagem da leitura e da escrita. Somente desta forma, será possível minimizar as distorções que ocorrem sobre a concepção da dislexia pelos professores, bem como escolher estratégias interventivas eficazes para o ensino-aprendizagem, conforme proposto por Rohde *et al.*, (2000).

O fato dos escolares com dislexia não constarem como público-alvo da Educação Inclusiva no nosso país, conforme relatado por Lombardi *et al.*, (2016); Buzetti *et al.*, (2021), acaba comprometendo o desenvolvimento de ações formativas especializadas para os professores da Educação Básica e isto faz com que o desconhecimento acerca dos sinais precoces, das manifestações e dos comportamentos educacionais e sociais desta população seja desconhecido pelos professores e isto se aplica às habilidades de aprendizagem implicadas no processo de ensino-aprendizagem, conforme apresentado nos resultados deste estudo.

Porém, é necessário destacarmos que as dificuldades de aprendizagem da população de escolares disléxicos não são indiferente aos professores, há muitas dúvidas e anseios por parte dos professores em relação a sua atuação com este transtorno específico de aprendizagem, conforme destacado por Da Costa *et al.*, (2013); Lara *et al.*, (2006). Entretanto, o que falta é capacitações ou treinamentos específicos para planejar estratégias educacionais eficientes para o desenvolvimento pleno da leitura e da escrita em sala de aula, o que também foi destacado por Pereira *et al.*, (2011); Gonçalves; Crenitte, (2014).

CONSIDERAÇÕES FINAIS

Os resultados deste estudo nos permitiram concluir que os professores dos escolares com dislexia do Ensino Fundamental I necessitam de esclarecimentos sobre as reais dificuldades apresentadas por esta população quanto as habilidades de aprendizagem, isto porque, as respostas "raramente" e "algumas vezes" presentes em todas as categorias das habilidades de aprendizagem acadêmica foi uma constante.

É importante destacar que tais achados sugerem a falta de apoio de políticas públicas educacionais brasileiras que orientem a identificação das dificuldades nas habilidades necessárias para a aprendizagem direcionadas para os professores.

Somente a partir dos cursos de formações e capacitações com orientações pontuais sobre as características e manifestações dos escolares com dislexia em sala de aula é que será possível garantir uma melhor qualidade de vida educacional destes escolares.

Agradecimentos: Ao Conselho Nacional de Desenvolvimento Científico e Tecnológico (CNPq) pela concessão da bolsa de iniciação científica à primeira autora orientada pela última autora.

REFERÊNCIAS

BRASIL. Ministério da Educação. Decreto n.º 6.571, de 17 de setembro de 2008. Dispõe sobre o atendimento educacional especializado, regulamenta o parágrafo único do art. 60 da Lei n.º 9.394, de 20 de dezembro de 1996, e acrescenta dispositivo ao Decreto n.º 6.253, de 13 de novembro de 2007. **Diário Oficial da União**: seção 1, Brasília, DF, p. 26, 18 set. 2008.

BUZETTI, M. C. *et al.* Inclusão de escolares com transtornos do neurodesenvolvimento na realidade brasileira. *In:* MATHYLDE, A. S.; CAPOVILLA, F.C.; JALMIRIS, R. O. R. S.; NEVES, L. M. (org.). **Caminhos da Aprendizagem e Inclusão**: entretecendo múltiplos saberes. 1. ed. Belo Horizonte – MG: Artesã, 2021, v. 3. p. 157-163.

CAPELLINI, S. A.; GIACONI, C.; GERMANO, G. D. Parents and teachers opinion about learning skills: Comparison between brazilian and italian dyslexic's students. **Dyslexia: Perspectives, Challenges and Treatment Options**, p. 91-98, 2016.

CARROLL, J. M.; MUNDY, I. R.; CUNNINGHAM, A. J. The roles of family history of dyslexia, language, speech production and phonological processing in predicting literacy progress. **Developmental science**, v. 17, n. 5, p. 727-742, 2014.

DA COSTA, J. P. F. *et al.* Nível de conhecimento dos professores de escolas públicas e particulares sobre dislexia. **CEP**, v. 52170, p. 000, 2013.

DILNOT, J.; HAMILTON, L.; MAUGHAN, B.; SNOWLING, M. J. Child and environmental risk factors predicting readiness for learning in children at high risk of dyslexia. **Development and psychopathology**, v. 29, n. 1, p. 235-244, 2017.

FACOETTI, A.; LORUSSO, M. L.; PAGANONI, P. CATTANEO, C.; GALLI, R.; UMILTÀ, C.; MASCETTI, G. G. Auditory and visual automatic attention deficits in developmental dyslexia. **Cognitive brain research**, v. 16, n. 2, p. 185-191, 2003.

GALABURDA, A. M.; CESTNICK, L. Dislexia del desarrollo. **Revista de neurología**, v. 36, n. 1, p. 3-9, 2003.

GONÇALVES, T. dos S.; CRENITTE, P. A. P. Concepções de professoras de ensino fundamental sobre os transtornos de aprendizagem. **Revista CEFAC**, v. 16, p. 817-829, 2014.

LARA, A. F. L.; TANAMACHI, E. de R.; LOPES JUNIOR, J. Concepções de desenvolvimento e de aprendizagem no trabalho do professor. **Psicologia em Estudo**, v. 11, p. 473-482, 2006.

LOMBARDI, A. B.; MENDES. A. O. A criança e a escola: promoção da saúde e a abordagem das dificuldades escolares. *In:* LEÃO, E.; CORRÊA, E. J.; MOTA, J. A. C.; VIANNA, M. B.; VASCONCELLOS, M. C. **Pediatria Ambulatorial**. 5. ed. Belo Horizonte: Coopmed, 2013. p. 253-268.

LOMBARDI, A. B.; OLIVEIRA, A. E. F.; SOUZA, B. E.; LIMA, B. L. G.; BARBOSA, C. T.; SILVA, D. R.; MONTORO, M. A.; DARWICH FILHO, E. Z. As inconsistências na legislação sobre o atendimento educacional especializado (AEE): uma observação que demanda atenção interdisciplinar e intersetorial da educação e da saúde. **Polêm! ca**, v. 16, n. 4, p. 1-13, 2016.

NORTON, E. S.; BEACH, S. D.; GABRIELI, J. D. E. Neurobiology of dyslexia. **Current opinion in neurobiology**, v. 30, p. 73-78, 2015.

PEREIRA, L. V. *et al.* Estudo investigativo sobre o conhecimento da dislexia em educadores da rede pública e privada dos municípios de Belo Horizonte e de Nova Lima. **Revista Tecer**, v. 4, n. 6, p. 26-40, 2011. DOI: 10.15601/1983-7631/rt.v4n6p26-40.

RAMUS, F.; ROSEN, S.; DAKIN, S. C.; DAY, B. L.; CASTELLOTE, J. M.Theories of developmental dyslexia: insights from a multiple case study of dyslexic adults. **Brain**, v. 126, n. 4, p. 841-865, 2003.

REID, G. **Dyslexia**: A practitioner's handbook. John Wiley & Sons, 2016.

ROHDE, L. A.; BARBOSA, G.; TRAMONTINA, S.; POLANCZYK, G. Transtorno de déficit de atenção/hiperatividade. **Brazilian Journal of Psychiatry**, v. 22, p. 7-11, 2000.

STEFANINI, M. C. B.; CRUZ, S. A. B. Dificuldades de Aprendizagem e suas causas: o olhar do professor de 1ª a 4ª séries do Ensino Fundamental. **Educação**, v. 29, n. 1, 2006.

SNOWLING, M. J.; HULME, C. **A ciência da leitura**. Penso Editora, 2013.

SNOWLING, M. J.; GOOCH, D.; MCARTHUR, G.; HULME, C. Language skills, but not frequency discrimination, predict reading skills in children at risk of dyslexia. **Psychological science**, v. 29, n. 8, p. 1270-1282, 2018.

VERHULST, F. C.; KOOT, H. M.; VAN DER ENDE, J. Differential predictive value of parents' and teachers' reports of children's problem behaviors: A longitudinal study. **Journal of abnormal child psychology**, v. 22, n. 5, p. 531-546, 1994.

WADLINGTON, E. M.; WADLINGTON, P. L. What educators really believe about dyslexia. **Reading Improvement**, v. 42, n. 1, p. 16-33, 2005.

WASHBURN, E. K.; BINKS-CANTRELL, E. S.; JOSHI, R. M.; MARTIN-CHANG, S.; ARROW, A. Preservice teacher knowledge of basic language constructs in Canada, England, New Zealand, and the USA. **Annals of dyslexia**, v. 66, n. 1, p. 7-26, 2016.

SOBRE AS ORGANIZADORAS

SIMONE APARECIDA CAPELLINI

Fonoaudióloga. Professora Titular – FFC/UNESP – Marília-SP. Docente do Departamento de Fonoaudiologia e dos Programas de Pós-Graduação em Educação e em Fonoaudiologia da Faculdade de Filosofia e Ciências – FFC/ UNESP – Marília-SP. Membro do *Collegio dei Docenti del Corso di Dottorato in Formazione, Patrimonio Culturale e Territori presso l'Università di Macerata, Macerata, Itália.* Coordenadora do Laboratório de Investigação dos Desvios da Aprendizagem (LIDA) do Departamento de Fonoaudiologia – FFC/ UNESP – Marília-SP. Líder do grupo de pesquisa "Linguagem, Aprendizagem e Escolaridade" (CNPq). Coordenadora do Departamento de Fonoaudiologia Educacional da Sociedade Brasileira de Fonoaudiologia (SBFa), Gestões 2017-2019; 2020-2022 e 2023-2025.

BIANCA DOS SANTOS

Fonoaudióloga. Doutora em Educação e Mestre em Distúrbios da Comunicação Humana pela Faculdade de Filosofia e Ciências da UNESP / Marília – SP. Pós-Graduação em Neuropsicopedagogia (Faculdade Campos Elíseos - SP). Co-fundadora do Alfameta. Proprietária da BS Fonoaudiologia & Treinamento. Responsável por atendimento clínico, cursos e supervisões para profissionais da saúde e educação.

SOBRE OS AUTORES

ADRIANA MARQUES DE OLIVEIRA

Fonoaudióloga. Pós-doutora pelo Conselho Nacional de Desenvolvimento Científico e Tecnológico – CNPq. Doutora e Mestra em Educação pela Faculdade de Filosofia e Ciências da Universidade Estadual Paulista Júlio de Mesquita Filho – FFC/UNESP-Marília-SP. Especialista em Linguagem e em Fonoaudiologia Educacional pelo Conselho Federal de Fonoaudiologia-CFFa. Pesquisadora do Laboratório de Investigação dos Desvios da Aprendizagem (LIDA) do Departamento de Fonoaudiologia – FFC/UNESP – Marília-SP. Membro do Grupo de Pesquisa do CNPq Linguagem, Aprendizagem e Escolaridade – FFC/UNESP – Marília-SP.

ALESSANDRA GOTUZO SEABRA

Possui graduação em Psicologia pela Universidade de São Paulo, mestrado, doutorado e pós-doutorado em Psicologia (Psicologia Experimental) pela Universidade de São Paulo. Docente do Programa de Pós-graduação em Ciências do Desenvolvimento Humano da Universidade Presbiteriana Mackenzie. Pesquisadora bolsista de Produtividade em pesquisa do CNPq - nível 1A. Professora visitante na University of Surrey, Guildford, England (2023-2024). Membro da Academia Brasileira de Neuropsicologia. Editora associada do periódico Psicologia: Teoria e Prática (Qualis A2). Membro da Comissão Científica da ABD. Coordena o Grupo de Neuropsicologia Infantil.

ALEXANDRA BEATRIZ PORTES DE CERQUEIRA-CÉSAR

Fonoaudióloga. Doutora em Educação e Mestre em Distúrbios da Comunicação Humana pela Faculdade de Filosofia e Ciências da UNESP / Marília – SP. Especialista em Linguagem e Fonoaudiologia Educacional pelo Conselho Federal de Fonoaudiologia (CFFa). Co-fundadora do Alfameta. Proprietária da Cerqueira César Fonoaudiologia e Aprendizagem. Responsável por atendimento clínico, cursos e supervisões para profissionais da saúde e educação.

ANDRÉA CARLA MACHADO

Linguista. Pedagoga. Psicopedagoga. Mestre e doutora em Educação Especial pela Universidade Federal de São Carlos – UFSCar. Estágio doutoral em Special

Education pela University of Georgia, UGA, EUA. Pós-doutorado em Psicologia pela UFSCar. Pós-Doutoranda em Educação pela Universidade Estadual Paulista "Júlio de Mesquita Filho" – FFC/UNESP – Marília – SP. Membro do Laboratório de Investigação dos Desvios de Aprendizagem – LIDA da FFC/UNESP-Marília-SP. Membro do Grupo de Pesquisa do CNPq "Linguagem, Aprendizagem, Escolaridade" da Faculdade de Filosofia e Ciências da Universidade Estadual Paulista – FFC/UNESP. Pesquisadora e psicopedagoga Clínica do Centro de Pesquisa e Desenvolvimento Infantil (CPEDi). Consultora e supervisora na área de Educação Especial e Inclusiva.

ÂNGELA MATHYLDE SOARES

DR.h.c, PhD Pedagogia. Psicopedagoga, psicanalista, especialista em Psicanálise, professora, escritora, CEO da Clínica Aprendizagem e Companhia - Saúde Integral e Instituto Profa. Ângela Mathylde. Coordenadora da Faculdade Plus na região sudoeste. Conselheira Nacional Brasileira de Psicopedagogia (ABPp), presidente do Congresso Internacional Brain Connection Brasil, diretora do Grupo de Investigação Clínica em Saúde e Educação da União Europeia/GI3tES. Membro da área acadêmica da Associação Mineira de Psicanálise (AMAP). Professora Honorária.

ARIANE CRISTINA RAMELLO DE CARVALHO

Neuropsicóloga. Doutora e Mestra em Distúrbios do Desenvolvimento pela Universidade Presbiteriana Mackenzie - UPM. Cofundadora da Getting Better. Supervisora do curso de Pós-graduação em Reabilitação Neuropsicológica da Divisão de Neurologia do Hospital das Clínicas da Faculdade de Medicina da USP - HCFMUSP. Pesquisadora do Grupo de Neuropsicologia Infantil da Universidade Presbiteriana Mackenzie.

BIANCA ARRUDA MANCHESTER DE QUEIROGA

Fonoaudióloga pela Universidade Católica de Pernambuco (1991). Mestra em Psicologia Cognitiva pela Universidade Federal de Pernambuco - UFPE (1996). Doutora em Psicologia Cognitiva pela UFPE (2003) e Pós-doutora em Fonoaudiologia pela Universidade Estadual Paulista Julio Mesquita Filho – UNESP/ Marilia (2020). Especialista em Linguagem e Fonoaudiologia Educacional pelo Conselho Federal de Fonoaudiologia. Professora Associada IV, docente do curso de Graduação em Fonoaudiologia e do Programa de Pós-graduação em Saúde da Comunicação Humana da UFPE.

BIANCA RODRIGUES DOS SANTOS

Fonoaudiolóloga. Mestranda do Programa de Pós-Graduação em Educação da Faculdade de Filosofia e Ciências da UNESP / Marília – SP. Pesquisadora do Laboratório de Investigação dos Desvios da Aprendizagem

(LIDA-FFC/UNESP). Membro do Grupo de Pesquisa do CNPq "Linguagem, Aprendizagem, Escolaridade".

CAMILA ARRUDA MANCHESTER DE QUEIROGA

Mestre em Saúde da Comunicação Humana pela Universidade Federal de Pernambuco (2019). Fonoaudióloga pela Universidade Federal de Pernambuco (2016). Atua como Fonoaudióloga Clínica em consultório particular com atendimentos voltados para o público infantil nas áreas de Linguagem e Fluência.

CAMILA LEÓN

Pedagoga, licenciada em Letras, pós-graduada em Ensino e Aprendizagem de Língua Inglesa, pós-graduada em Psicopedagogia pela Universidade Presbiteriana Mackenzie (UPM), psicopedagoga Titular da ABPp Nacional no. 418 e ABPp-SP no. 376, mestre e doutora em Distúrbios do Desenvolvimento pela UPM. Atualmente é professora convidada de vários cursos de especialização, incluindo os cursos de Neurociência Aplicada à Educação da Faculdade de Ciências Médicas da Santa Casa de São Paulo, Neuropsicopedagogia da Universidade Paulista (UNIP), Neuropsicologia da Universidade Federal de São Paulo (UNIFESP) e o curso de Reabilitação Neuropsicológica do Centro de Estudos de Neurologia Prof. Dr. Antônio Branco Lefèvre, vinculado à Divisão de Clínica Neurológica do Instituto Central do Hospital das Clínicas da Faculdade de Medicina da Universidade de São Paulo (FMUSP). Também atua como psicopedagoga clínica no Instituto de Neuropsicologia e Desenvolvimento Humano - INDH e como conselheira Estadual da Associação Brasileira de Psicopedagogia Seção São Paulo (ABPp-SP, triênios 2020-2022 e 2023-2025).

CATIA GIACONI

Pedagoga. Especialista em Educação Especial. Professora Titular do Dipartamento di Scienze dela Formazione, dei Beni Culturali e del Turismo *Universita degli Studi di Macerata (UNIMC)*, em Macerata – Itália.

CLÁUDIA SILVA

Fonoaudióloga. Docente do Departamento de Formação Específica em Fonoaudiologia – FEF da Universidade Federal Fluminense-UFF/ Nova Friburgo-RJ. Mestre e Doutora em Educação pelo Programa de Pós-graduação em educação da Universidade Estadual Paulista – UNESP/ Marília-SP. Especialista pelo Conselho Federal de Fonoaudiologia em Linguagem e Fonoaudiologia Educacional. Pesquisa na área de linguagem infantil, com enfoque nos Transtornos Específicos do Aprendizado da Leitura e Escrita.

GISELI DONADON GERMANO

Fonoaudióloga. Docente do Departamento de Educação e Desenvolvimento Humano (DEPEDH) – FFC – UNESP – Marilia e do Programas de Pós-graduação em Fonoaudiologia da Faculdade de Filosofia e Ciências – FFC/UNESP – Marilia-SP. Membro do grupo de pesquisa "Linguagem, Aprendizagem e Escolaridade" (CNPq). Pesquisadora colaboradora do Laboratório de Investigação dos Desvios da Aprendizagem (LIDA) do Departamento de Fonoaudiologia – FFC/UNESP – Marilia-SP.

GLAUCE CONTI DE FREITAS

Possui graduação em Psicologia pela Pontifícia Universidade Católica de Goiás (2003). Mestrado em Distúrbios do Desenvolvimento pela Universidade Presbiteriana Mackenzie (2016). Doutorado em Distúrbios do Desenvolvimento pela Universidade Presbiteriana Mackenzie (2021). Atualmente é professora graduação em psicologia do Instituto de Pós-Graduação e Graduação, professora pós-graduação do Instituto de Pós-Graduação e Graduação e professora pós-graduação em neuropsicologia da Pontifícia Universidade Católica de Goiás. Tem experiência na área de Psicologia, com ênfase em NEUROPSICOLOGIA, atuando principalmente nos seguintes temas: avaliação neuropsicológica, transtorno de déficit de atenção/hiperatividade, funções executivas, reabilitação cognitiva e revisão integrativa.

ILÀRIA D'ANGELO

Pedagoga. Especialista em Educação Especial. Docente do Dipartamento di Scienze dela Formazione, dei Beni Culturali e del Turismo *Universita degli Studi di Macerata (UNIMC)*, em Macerata – Itália.

LUCIANA MENDONÇA ALVES

Fonoaudióloga. Especialista em Linguagem e Fonoaudiologia Educacional pelo Conselho Federal de Fonoaudiologia. Doutora e Mestra em Linguística pela Universidade Federal de Minas Gerais (UFMG). Pós-doutorado em Linguística pelo Laboratoire Parole et Langage (LPL) - Aix-Marseille Université – Franca. Professora Adjunta do Departamento de Fonoaudiologia e do Programa de Pós-graduação em Ciências Fonoaudiológicas da Faculdade de Medicina da UFMG.

MAÍRA ANELLI MARTINS

Fonoaudióloga pela Universidade Estadual Paulista "Julio de Mesquita Filho"; UNESP - Marilia-SP. Doutora em Educação pela Universidade Estadual Paulista "Julio de Mesquita Filho"; UNESP - Marilia-SP. Especialista em Fonoaudiologia Educacional - CFFa. Membro do Grupo de Pesquisa do CNPq "Linguagem, Aprendizagem e Escolaridade" e do Laboratório de Investigação dos Desvios da Aprendizagem – LIDA (FFC/UNESP).

MIRYAN CRISTINA BUZETTI

Pedagoga. Mestre e doutora em Educação Especial pela Universidade Federal de São Carlos (UFSCar). Pós-doutorado pelo Conselho Nacional de Desenvolvimento Científico e Tecnológico (CNPq). Membro do Grupo de Pesquisa do CNPq "Linguagem, Aprendizagem e Escolaridade" da Faculdade de Filosofia e Ciências da Universidade Estadual Paulista "Júlio de Mesquita Filho" (FFC/UNESP).

NOEMI DEL BIANCO

Pedagoga. Especialista em Educação Especial. Docente do Dipartamento di Scienze dela Formazione, dei Beni Culturali e del Turismo *Universita degli Studi di Macerata (UNIMC)*, em Macerata – Itália.

PEDRO FRANCISCO MOLINA

Psicanalista Freudiano - Psicanálise Dinâmica -, Academia de Psicanálise e Ciência Humana São Paulo. Graduado em Filosofia (Licenciatura Plena) pelo Centro Universitário Claretiano (CEUCLAR). Pós-graduado em "Psicologia Clínica: Psicanálise", pela Universidade de Araraquara (UNIARA). Cursa Pós-Graduação em "Antropologia e Neuropsicanálise", pela Faculdade Unyleya de Brasília.

ROSANA MENDES RIBEIRO

Fonoaudióloga Educacional. Pós-graduada em Neuroeducação e Psicopedagogia. Doutoranda em Ciências da Educação. Integra a equipe do GI3TES - Lab. de Investigação Europeia Multidisciplinar. Diretora do Núcleo Aprende. Professora nos cursos de aprimoramento e Pós-graduação em Neurociência do CEFAC em SP, PE, RJ e Goiânia. Precursora do projeto "CRA - Classificação para Reenquadramento de Aprendizagem", com assessoria em avaliativas adaptadas dos ensinos Fundamental e Médio, rede pública e privada de SP. Reconhecida pela "Metodologia CDRA" pela SEE/SP. Autora do Protocolo CRA - Classificação para Reenquadramento de Aprendizagem, dos Manuais de Modelos de Avaliativas Adaptadas dos ensinos Fundamental e Médio (2015) e do FALABETIZANDO, auxílio Alfabetização (2020). Beneficiária da Campanha CHI LDREN'S WALK-ROCHE FARMA-2020. Vencedora do 12° PRÊMIO MARIO COVAS 2016/2017 - SEE/SP, juntamente a DER Centro-Oeste/SP e do Prêmio Prof. Dr. Fernando Capovilla - Excelência Metodológica/ Laboratórios de Pesquisa - BRAIN CONNECTION 2019/2020.

THAÍS CONTIERO CHIARAMONTE

Fonoaudióloga. Mestra em Distúrbios da Comunicação Humana e Doutoranda em Educacão pela FFC/UNESP. Pesquisadora do Laboratório de Investigação dos Desvios da Aprendizagem (LIDA - FFC/UNESP). Membro do Grupo de Pesquisa do CNPq "Linguagem, Aprendizagem, Escolaridade". Neuropsicopedagoga. Fonoaudióloga Educacional da Secretaria Municipal de Educacão de Araçatuba-SP.

VERA LÚCIA ORLANDI CUNHA

Fonoaudióloga. Mestra, Doutora e Pós-doutora em Educacão pela Unesp/ Marilia, SP. Especialista em Fonoaudiologia Educacional e em Motricidade Orofacial pelo Conselho Federal de Fonoaudiologia. Pesquisadora e docente do Laboratório de Investigação dos Desvios da Aprendizagem-LIDA, do Departamento de Fonoaudiologia da Unesp/ Marilia, SP. Atuação clinica nas áreas de linguagem e aprendizagem.

ANOTAÇÕES

Construindo ideias
e conectando mentes

Este livro foi composto com tipografia ITC Berkeley Oldstyle Std
e impresso em Papel offset 75gr. em outubro de 2024.